EERSTE EDITIE - Gepubliceerd in 2022

Extra grafisch materiaal van: www.freepik.com
Dank aan: Alekksall, Starline, Pch.vector, Rawpixel.com, Vectorpocket, Dgim-studio, Upklyak, Macrovector, Stockgiu, Pikisuperstar & Freepik.com Designers

Ontdek gratis online spelletjes

Hier verkrijgbaar:

BestActivityBooks.com/FREEGAMES

5 TIPS OM TE BEGINNEN!

1) HOE OP TE LOSSEN

De Puzzels zijn in een Klassiek Formaat:

- Woorden worden verborgen zonder pauzes (geen spaties, streepjes, ...)
- Oriëntatie: Voorwaarts & Achterwaarts, Boven & Beneden of in Diagonaal (kan in beide richtingen)
- Woorden kunnen elkaar overlappen of kruisen

2) ACTIEF LEREN

Naast elk woord is een spatie voorzien om de vertaling te noteren. Om actief te leren vindt u een **WOORDENBOEK** aan het einde van deze editie om uw kennis te controleren en uit te breiden. U kunt elke vertaling opzoeken en opschrijven, de woorden in de puzzel vinden en ze vervolgens aan uw woordenschat toevoegen!

3) TAG JE WOORDEN

Hebt u al geprobeerd een labelsysteem te gebruiken? U zou bijvoorbeeld de woorden die moeilijk te vinden waren kunnen markeren met een kruis, de woorden die u leuk vond met een ster, nieuwe woorden met een driehoek, zeldzame woorden met een ruit enzovoort...

4) ORGANISEER UW LEREN

Wij bieden ook een handig **NOTITIEBOEKJE** aan het eind van deze uitgave. Of u nu op vakantie, op reis of thuis bent, u kunt uw nieuwe kennis gemakkelijk ordenen zonder dat u een tweede notitieboek nodig hebt!

5) AFGESLOTEN?

Ga naar de bonussectie: **FINAAL UITDAGING** om een gratis spel te vinden dat aan het einde van deze editie wordt aangeboden!

Wil je meer leuke en leerzame activiteiten? Het is Snel en Eenvoudig!
Een hele collectie spelboeken slechts *één klik verwijderd!*

Vind uw volgende uitdaging bij:

BestActivityBooks.com/MijnVolgendeBoek

Klaar... Start!

Wist u dat er zo'n 7000 verschillende talen in de wereld zijn? Woorden zijn kostbaar.

We houden van talen en hebben hard gewerkt om de boeken van de hoogste kwaliteit voor u te maken. Onze ingrediënten?

Een selectie van onmisbare leerthema's, drie grote plakken plezier, dan voegen we er een lepel moeilijke woorden en een snuifje zeldzame woorden aan toe. We serveren ze met zorg en een maximum aan verrukking, zodat je de beste woordspelletjes kunt oplossen en veel plezier beleeft aan het leren!

Uw feedback is essentieel. U kunt een actieve bijdrage leveren aan het succes van dit boek door een recensie achter te laten. Vertel ons wat u het meest beviel in deze editie!

Hier is een korte link die u naar uw bestelpagina brengt:

BestBooksActivity.com/Recensies50

Bedankt voor uw hulp en veel plezier met het spel!

Linguas Classics

分	卷	读	升	远	篮	图	阅	魔	园	松	技	高	宽
针	钟	放	法	图	益	画	工	鱼	放	棒	乐	长	度
篮	魔	十	进	制	跳	缝	瓷	舞	松	趣	品	拼	克
棒	跳	游	技	篮	摄	针	狩	针	拼	品	营	猎	益
重	鱼	跳	影	戏	利	工	狩	纫	影	脱	潜	利	摄
量	钓	工	工	画	魔	读	拼	摄	品	绘	画	鱼	能
暇	厘	米	击	图	术	戏	钓	绘	法	营	篮	摄	魔
质	篮	深	度	足	魔	纫	术	戏	跳	术	鱼	阅	针
量	吨	远	纫	拳	篮	利	纫	游	图	乐	足	益	球
艺	盎	司	图	篮	园	放	术	露	品	舞	法	露	画
猎	艺	缝	戏	游	狩	猎	影	松	法	足	营	远	园
工	读	缝	鱼	击	品	魔	针	字	节	公	足	瓷	篮
潜	针	活	舞	绘	鱼	缝	放	猎	绘	斤	里	英	寸
鱼	活	击	益	游	击	纫	工	乐	远	能	击	针	读

宽度
字节
厘米
十进制
深度
重量
高度
英寸

公斤
公里
长度
质量
分钟
盎司
品脱

2 - Keuken

围	裙	食	谱	碗	阅	烧	冰	跳	趣	织	读	利	棒
益	瓷	织	物	餐	巾	烤	箱	远	画	拼	暇	罐	纫
品	动	乐	戏	绘	壶	松	技	松	击	游	水	壶	园
松	织	织	利	影	魔	艺	法	能	缝	钓	画	活	品
足	跳	阅	读	艺	画	法	利	钓	术	法	球	击	鱼
远	术	利	拼	跳	利	乐	利	拳	图	术	纫	利	工
乐	动	拳	针	影	工	舞	画	瓷	动	纫	图	放	狩
鱼	影	棒	图	绘	棒	舞	潜	猎	画	猎	摄	法	篮
鱼	海	动	术	远	品	舞	缝	篮	勺	香	营	筷
戏	绵	技	露	松	放	狩	能	魔	子	拼	料	子
游	品	足	缝	品	游	魔	球	杯	狩	营	活	影
戏	远	陶	叉	品	暇	法	园	子	图	技	猎	刀
读	能	针	钓	活	读	术	篮	狩	露	钓	图	营
趣	魔	艺	画	绘	潜	戏	钓	放	拼	舞	狩	击

杯子
筷子
烧烤
水壶
冰箱
勺子
烤箱

食谱
围裙
餐巾
香料
海绵
食物

3 - Boten

放 球 浮 标 河 影 跳 球 缝 拳 球 能 篮 独
海 皮 艇 阅 读 工 狩 跳 渡 影 游 趣 益 木
猎 图 舞 阅 读 能 画 游 球 轮 码 阅 画 舟
钓 拳 益 影 活 跳 救 生 艇 绘 头 能 针 瓷
工 远 营 术 露 能 营 舞 益 绘 拳 戏 趣 利
摄 绘 舞 术 远 足 法 动 舞 戏 阅 放 波 海
海 上 的 戏 魔 船 足 活 营 益 舞 园 浪 洋
游 狩 艺 技 图 员 活 锚 魔 露 筏 暇 品 影
篮 园 动 动 潜 拼 魔 陶 绳 子 摄 陶 瓷 瓷
松 狩 戏 绘 术 益 法 陶 远 工 钓 利
狩 跳 远 能 织 引 桅 露 图 松 湖 益 游
帆 暇 棒 活 猎 篮 擎 瓷 杆 阅 品 鱼 狩 拼
船 猎 针 拳 跳 营 图 陶 能 游 潜 球 缝 露
乐 暇 品 鱼 工 绘 营 陶 猎 术 艇 戏 露 击

船员   引擎
浮标   海上的
码头   海洋
波浪   救生艇
游艇   绳子
皮艇   渡轮
独木舟   帆船
桅杆

4 - Chocolade

针 活 潜 棒 图 远 术 钓 游 球 活 放 篮 读
摄 乐 园 纫 渴 跳 阅 法 技 钓 织 摄 纫 足
钓 鱼 园 影 望 美 摄 读 棒 趣 缝 鱼 趣 技
画 园 乐 瓷 益 味 糖 成 分 法 针 动 活 钓
营 陶 篮 陶 狩 道 工 影 魔 戏 糖 术 潜
可 趣 击 拳 园 益 活 露 异 营 缝 果 狩 趣
击 可 影 质 利 球 阅 缝 拳 国 艺 松 远 潜
品 钓 图 魔 量 苦 花 生 狩 松 情 动 食 潜
放 足 击 摄 拼 趣 艺 工 益 潜 调 谱 拳
针 阅 益 拳 织 击 甜 舞 球 活 绘 艺 陶 趣
趣 缝 读 影 篮 趣 蜜 游 动 卡 抗 缝 乐 香
园 活 动 最 喜 欢 的 椰 子 路 氧 焦 糖 气
放 鱼 绘 拼 能 读 缝 猎 里 化 织 缝 读
动 猎 绘 工 潜 跳 舞 术 篮 活 剂 术 益 魔

抗氧化剂	椰子
香气	质量
可可	生
卡路里	花
异国情调	食谱
最喜欢的	味道
美味	糖果
成分	渴望
焦糖	甜蜜的

5 - Tijd

放	艺	益	技	现	钓	放	今	天	技	营	图	远	拳
园	击	缝	足	在	戏	能	拳	篮	阅	瓷	艺	影	戏
击	足	工	暇	图	缝	猎	工	猎	影	击	利	拳	纫
读	益	未	露	图	动	能	针	影	游	品	能	潜	舞
中	午	来	露	园	趣	狩	摄	法	工	能	棒	乐	远
小	狩	球	周	篮	技	球	足	十	技	篮	足	露	钓
魔	时	拼	利	瓷	放	能	每	年	足	营	击	趣	图
画	足	纫	放	鱼	猎	棒	纫	拳	技	纫	读	园	工
晚	篮	乐	阅	球	远	篮	趣	艺	纫	纫	潜	拳	织
上	松	戏	暇	纫	拼	图	拼	远	摄	日	历	后	世
活	品	瓷	针	露	法	陶	猎	图	拳	瓷	潜	技	纪
时	钟	钓	趣	品	乐	露	昨	利	法	潜	松	园	球
瓷	月	法	针	动	早	露	天	拳	乐	纫	分	钟	远
影	法	纫	棒	棒	瓷	晨	天	营	利	瓷	动	技	织

十年
世纪
昨天
每年
日历
时钟
中午

分钟
晚上
现在
早晨
未来
小时
今天

6 - Meditatie

织	跳	篮	鱼	平	潜	法	活	针	阅	狩	大	幸	针
戏	园	乐	利	静	和	平	球	拼	画	拼	自	福	远
戏	瓷	跳	魔	技	舞	能	游	洞	艺	魔	然	姿	瓷
拼	园	营	技	舞	园	缝	缝	察	心	理	绘	势	益
画	醒	瓷	阅	篮	影	瓷	技	力	球	摄	潜	利	利
击	缝	狩	潜	利	利	缝	图	读	戏	舞	音	乐	游
缝	击	鱼	缝	运	动	舞	感	摄	棒	松	瓷	接	球
读	活	织	画	钓	陶	透	视	激	活	足	绘	受	法
阅	鱼	足	戏	织	舞	棒	狩	观	活	同	术	图	游
球	针	工	趣	术	动	阅	明	晰	察	情	活	瓷	乐
园	营	露	狩	法	能	跳	图	拼	狩	读	拼	绘	绘
乐	拳	远	潜	情	阅	魔	放	善	良	钓	舞	针	陶
动	益	摄	舞	绪	击	沉	呼	吸	趣	绘	利	陶	篮
游	钓	瓷	图	动	跳	远	默	跳	远	绘	钓	球	摄

接受
呼吸
运动
感激
情绪
幸福
明晰
姿势
洞察力
平静

同情
心理
音乐
大自然
观察
透视
沉默
和平
善良

7 - Zomer

露 露 营 动 拳 游 远 书 益 凉 球 拳 音 乐
拼 营 狩 家 图 戏 针 籍 游 品 鞋 游 工 戏
旅 行 远 戏 画 足 摄 画 猎 乐 艺 技 艺
跳 技 潜 缝 海 利 潜 松 狩 魔 跳 拼 针 松
活 读 能 影 滩 假 能 摄 技 棒 足 击 钓 露
园 织 织 花 园 期 画 趣 缝 放 工 法 术 法
图 趣 术 跳 暇 潜 松 艺 乐 工 画 食 画
技 绘 营 缝 画 水 潜 暇 能 术 松 物 读
瓷 法 园 纫 能 猎 球 海 鱼 艺 跳 艺 拳
击 喜 悦 猎 远 工 绘 技 摄 篮 朋 友 读
棒 趣 活 画 活 品 工 游 回 拼 篮 球 松
拼 跳 星 拳 放 松 拳 放 忆 远 益 乐 利
工 纫 星 品 拼 工 戏 读 纫 狩 家 拼
纫 戏 狩 读 品 击 工 法 钓 动 舞 读 艺 庭

书籍
潜水
家庭
游戏
回忆
露营
音乐
放松
旅行

凉鞋
星星
海滩
花园
假期
食物
喜悦
朋友

8 - Vogels

游 松 工 游 鸭 术 图 苍 远 利 孔 篮 鹦 鹉
工 图 鹅 游 阅 魔 魔 鹭 拳 鱼 鸽 雀 活 钓
暇 瓷 织 暇 鹳 戏 读 击 术 潜 子 织 摄 纫
潜 击 乐 拳 舞 鸡 游 猫 头 鹰 火 烈 鸟 拼
远 营 放 技 暇 球 球 活 放 摄 露 法 狩 棒
缝 潜 暇 缝 游 能 法 棒 纫 远 拳 远 远 图
麻 雀 天 鹅 园 陶 绘 鹈 鹕 园 拼 画 拼 鸥
艺 放 游 潜 摄 狩 读 舞 戏 拳 拳 舞 球 舞
鸟 鸦 击 工 品 篮 利 艺 益 游 益 棒 艺 摄
舞 图 拼 动 放 能 纫 舞 乐 鱼 钓 缝 图 织
缝 拼 魔 狩 潜 企 鹅 瓷 利 暇 远 拳 狩 狩
鱼 利 鱼 棒 巨 园 狩 能 活 品 露 绘 鱼 舞
蛋 陶 利 图 嘴 摄 读 球 猎 杜 鹃 鱼 拳 狩
松 放 露 鸵 鸟 球 动 品 读 狩 阅 拼 狩 影

鸽子
火烈鸟
杜鹃
乌鸦
麻雀
鹦鹉
孔雀

鹈鹕
企鹅
苍鹭
鸵鸟
巨嘴鸟
猫头鹰
天鹅

9 - Behoud

术	足	游	棒	针	瓷	术	织	猎	潜	狩	趣	自	舞
乐	陶	跳	鱼	动	放	回	收	露	利	狩	舞	拼	然
活	动	工	营	品	园	拳	绘	能	猎	法	织	瓷	拼
篮	法	足	露	狩	露	益	绿	园	狩	露	园	陶	益
钓	园	纫	艺	暇	艺	影	色	术	益	周	击	缝	生
园	营	露	纫	缝	教	纫	瓷	影	营	摄	期	陶	态
舞	阅	足	潜	艺	育	鱼	农	图	拼	陶	有	机	系
松	营	棒	读	钓	动	鱼	药	动	远	魔	缝	魔	统
画	绘	放	园	活	健	影	法	绘	拳	阅	活	能	工
瓷	瓷	缝	魔	气	康	潜	足	品	放	棒	动	钓	跳
园	画	松	画	候	营	游	画	志	缝	摄	趣	艺	摄
减	少	拼	艺	变	化	乐	生	品	愿	污	染	工	工
水	露	营	动	摄	学	环	境	的	工	者	篮	针	魔
远	艺	影	放	拼	品	法	法	瓷	图	动	放	潜	棒

化学品   教育
生态系统   有机
周期   农药
健康   回收
绿色   变化
生境   减少
气候   污染
环境的   志愿者
自然

10 - Wiskunde

能 放 魔 法 露 广 活 游 垂 直 对 称 远 魔
工 针 击 摄 营 读 场 松 技 径 拳 纫 织 园
影 戏 松 针 缝 球 陶 瓷 指 分 针 篮 舞 利
能 潜 远 能 动 图 拳 平 行 数 摄 魔 瓷 工
足 算 周 长 狩 瓷 几 何 学 利 趣 缝 多 缝
暇 术 拳 戏 术 钓 织 读 半 平 行 四 边 形
营 鱼 瓷 品 舞 露 跳 钓 径 十 进 制 形 画
读 营 猎 篮 纫 和 鱼 术 术 纫 魔 艺 益 陶
图 暇 针 远 拼 角 针 游 瓷 击 松 术 瓷 拳
益 技 利 园 露 篮 度 工 缝 狩 足 鱼 术 潜
钓 营 益 营 读 园 园 潜 画 乐 卷 读 棒 猎
放 拳 织 松 园 法 技 术 纫 动 针 暇 方 程
织 钓 矩 园 戏 园 艺 跳 织 拼 钓 跳 拼 棒
三 角 形 动 绘 缝 拳 术 舞 图 利 趣 跳 品

十进制	平行
直径	平行四边形
三角形	矩形
指数	算术
分数	半径
几何学	对称
角度	多边形
垂直	方程
周长	广场

11 - Camping

吊	床	绳	球	针	能	陶	活	猎	瓷	园	鱼	月	织
猎	趣	子	缝	织	帽	益	活	露	潜	潜	亮	舞
舞	读	击	暇	大	子	能	术	画	篮	图	魔	松
暇	戏	营	活	自	森	击	园	罗	钓	术	趣	陶
棒	瓷	放	游	然	戏	艺	缝	盘	球	陶	拳	动
图	阅	术	影	松	钓	读	园	缝	帐	山	棒	棒
戏	跳	艺	利	读	营	图	放	远	画	篷	乐	陶	狩
独	织	画	画	益	艺	松	利	纫	织	摄	足	工	图
树	木	跳	放	潜	工	远	园	活	钓	织	营	工	读
营	能	舟	利	跳	图	工	营	缝	钓	园	击	拼	园
狩	品	动	昆	虫	地	工	火	暇	湖	灯	营	纫	影
猎	纫	游	动	术	篮	松	舞	钓	远	笼	营	工	舱
活	暇	益	阅	营	球	潜	乐	缝	针	游	足	针	棒
冒	险	松	远	技	品	戏	魔	品	拼	动	物	针	远

冒险　　　　　　　地图
树木　　　　　　　独木舟
森林　　　　　　　罗盘
动物　　　　　　　灯笼
吊床　　　　　　　月亮
帽子　　　　　　　大自然
昆虫　　　　　　　帐篷
狩猎　　　　　　　绳子

工	能	狩	活	趣	术	击	能	针	法	能	技	远	足
艺	术	钓	舞	魔	陶	球	动	猎	潜	猎	瓷	活	缝
品	拼	品	拳	法	工	戏	工	摄	篮	戏	能	魔	阅
利	拼	法	远	击	阅	营	拼	露	拼	狩	放	跳	远
品	趣	利	影	织	游	潜	术	舞	纫	球	球	松	利
画	阅	读	利	陶	瓷	拳	狩	猎	足	潜	游	戏	猎
阅	读	暇	狩	暇	露	营	技	术	拼	乐	趣	益	利
拳	瓷	影	活	动	魔	画	能	足	缝	工	织	跳	园
技	摄	法	能	跳	舞	舞	能	乐	利	画	工	狩	拳
乐	读	活	跳	拳	拼	戏	绘	园	艺	拳	动	术	露
放	摄	园	远	画	影	针	鱼	拼	法	瓷	工	松	织
法	戏	魔	钓	鱼	能	摄	缝	图	远	足	游	摄	品
击	松	画	艺	能	织	影	钓	纫	品	乐	狩	缝	阅
魔	法	暇	陶	影	绘	园	鱼	能	击	图	瓷	利	法

活动
工艺品
跳舞
摄影
游戏
钓鱼
狩猎
露营
陶瓷
艺术

阅读
魔法
缝纫
放松
乐趣
拼图
园艺
技能
远足

活	球	法	曲	魔	阅	弧	摄	利	矩	边	缘	工	术
拼	击	纫	露	线	画	画	纫	阅	图	形	击	纫	狩
钓	纫	潜	棒	放	拼	魔	露	远	狩	针	纫	击	缝
椭	拼	鱼	潜	动	活	阅	拼	远	露	织	拼	潜	纫
圆	足	艺	拳	绘	织	陶	术	松	陶	绘	乐	拳	篮
形	筒	球	营	法	戏	法	活	营	松	棒	画	阅	趣
击	陶	多	边	形	阅	角	球	松	魔	舞	放	能	品
球	狩	技	击	读	瓷	落	活	摄	阅	足	陶	双	营
纫	影	锥	缝	松	拳	拼	篮	动	针	摄	鱼	曲	棒
立	方	体	魔	潜	品	术	远	动	利	舞	营	线	金
三	角	形	读	品	艺	针	画	棱	镜	戏	拳	松	字
园	术	足	画	棒	戏	陶	瓷	潜	画	绘	技	技	塔
阅	园	工	拳	针	读	广	篮	工	游	拼	篮	术	潜
营	益	乐	园	猎	猎	场	击	鱼	艺	阅	棒	圈	园

圆筒	椭圆形
曲线	金字塔
三角形	棱镜
角落	边缘
双曲线	矩形
锥体	多边形
立方体	广场

14 - Astronomie

月	游	篮	棒	阅	火	拳	画	摄	织	法	品	望	露
潜	亮	工	击	魔	箭	益	影	舞	露	重	力	远	品
天	读	松	潜	松	技	动	潜	能	露	瓷	艺	镜	艺
游	文	松	露	乐	益	露	放	读	读	工	艺	狩	流
纫	足	学	纫	术	工	放	黄	篮	辐	能	读	卫	星
击	棒	暇	家	拳	瓷	棒	道	球	射	春	画	宇	座
读	益	利	缝	棒	读	足	带	球	术	潜	分	宙	绘
针	园	彗	益	摄	乐	宇	航	员	摄	击	织	钓	工
小	行	星	阅	行	戏	跳	法	益	戏	术	画	图	园
品	能	云	品	星	潜	阅	读	星	星	影	球	乐	针
拳	鱼	放	狩	猎	利	法	园	术	狩	艺	利	图	针
地	球	活	工	舞	鱼	织	益	暇	足	跳	拼	猎	影
天	文	台	艺	益	棒	棒	击	露	技	松	品	织	绘
技	艺	活	松	画	图	园	艺	放	艺	阅	潜	摄	魔

地球	天文台
小行星	行星
宇航员	火箭
天文学家	卫星
黄道带	星座
春分	星辐射
彗星	望远镜
月亮	宇宙
流星	重力
星云	

15 - Emoties

戏	愤	潜	织	动	球	足	陶	画	益	钓	鱼	猎	阅
纫	怒	瓷	游	阅	猎	动	猎	瓷	瓷	暇	陶	球	绘
放	狩	松	远	击	魔	同	戏	绘	露	艺	极	陶
陶	放	拼	拼	爱	益	情	活	益	利	针	摄	乐	钓
潜	读	工	陶	摄	动	品	暇	狩	瓷	足	影	阅	缝
陶	鱼	放	陶	法	鱼	营	瓷	影	戏	游	善	读	益
平	宁	感	拼	织	趣	暇	瓷	品	工	缝	良	影	能
益	静	激	阅	艺	狩	画	松	潜	放	艺	击	棒	远
松	图	的	远	球	远	品	棒	瓷	能	纫	能	喜	悦
满	摄	内	魔	活	温	阅	影	鱼	益	无	摄	活	暇
悲	意	容	惊	喜	柔	放	松	利	园	聊	狩	猎	术
伤	魔	远	乐	绘	工	放	绘	远	恐	阅	拳	品	跳
技	拳	球	魔	活	乐	能	绘	术	惧	和	绘	露	狩
魔	阅	猎	棒	能	足	猎	拳	法	针	拼	平	绘	织

恐惧
感激的
悲伤
极乐
内容
平静
放松
宁静
同情

柔
温意
满喜
惊聊
无平
和悦
　良
喜怒
善
愤

16 - Vakantie #2

```
露 魔 法 戏 戏 击 瓷 读 瓷 游 能 摄 纫 拳
钓 织 陶 技 足 乐 露 园 猎 术 潜 摄 狩 拼
陶 海 动 针 潜 技 钓 营 暇 魔 足 影 松 餐
摄 滩 乐 乐 假 能 篮 益 摄 阅 暇 乐 厅
营 画 瓷 艺 期 球 钓 趣 绘 图 篮 园 活
图 趣 暇 游 动 狩 目 的 地 运 园 益 术
术 远 鱼 读 活 狩 绘 拳 活 趣 品 织 拳
棒 棒 拼 远 游 术 阅 露 营 拼 远 影 鱼 岛
跳 护 趣 猎 钓 猎 营 放 跳 能 益 棒 术
陶 照 图 潜 图 火 游 艺 法 读 放 酒 店 猎
狩 露 外 露 出 租 车 画 技 鱼 摄 猎 猎
瓷 足 国 国 园 品 缝 游 瓷 读 放 趣 动 钓
益 猎 松 活 人 营 猎 地 读 跳 陶 法 针 鱼
动 帐 篷 机 场 品 远 图 暇 画 签 证 旅 程
```

目的地　　　　　餐厅
外国人　　　　　海滩
外国　　　　　　出租车
酒店　　　　　　帐篷
地图　　　　　　火车
露营　　　　　　假期
机场　　　　　　运输
护照　　　　　　签证
旅程

17 - Weersomstandigheden

棒	乐	纫	球	艺	趣	鱼	舞	陶	法	球	彩	针	棒
气	候	大	阅	益	鱼	足	艺	营	缝	鱼	虹	松	猎
影	法	气	术	瓷	读	画	工	钓	利	趣	动	热	带
术	画	动	趣	图	棒	术	织	拳	猎	品	跳	钓	拼
球	极	地	拳	足	戏	陶	艺	园	瓷	钓	舞	猎	戏
绘	魔	趣	拳	闪	园	暇	纫	能	能	术	钓	阅	织
跳	球	缝	技	电	潜	雷	声	益	远	乐	针	技	影
缝	篮	远	魔	读	放	远	纫	游	猎	远	狩	技	活
陶	湿	图	猎	冰	猎	技	动	阅	趣	纫	球	钓	法
戏	洪	天	鱼	龙	温	松	营	瓷	图	动	品	营	狩
品	水	空	季	卷	度	戏	工	陶	绘	益	益	工	能
绘	拳	纫	飓	风	棒	放	篮	鱼	乐	缝	棒	拼	工
益	游	云	舞	暴	针	营	动	舞	读	钓	拼	缝	技
读	魔	陶	游	读	暇	戏	舞	读	雾	露	图	干	旱

大气
闪电
雷声
干旱
天空
气候
季风
飓风

洪水
极地
彩虹
风暴
温度
龙卷风
热带

18 - Strand

摄 露 舞 织 钓 绘 松 织 岛 阅 能 摄 球 松
趣 棒 露 瓷 影 乐 益 画 能 读 活 利 鱼 术
图 动 潜 舞 跳 能 海 放 针 拼 松 活 阅 术
拼 益 艺 篮 魔 织 岸 沙 瓷 画 露 击 纫 放
趣 击 纫 放 远 跳 露 潜 图 陶 针 读 毛 巾
乐 利 露 螃 蟹 太 阳 动 舞 钓 戏 瓷 棒 松
放 艺 图 纫 魔 拳 艺 园 趣 露 品 织 码 绘
术 篮 图 足 摄 击 读 品 摄 潜 益 园 瓷 头
假 期 利 营 足 技 图 海 洋 阅 能 棒 钓 拼
露 魔 图 陶 技 猎 益 猎 绘 艺 术 跳 陶 魔
术 阅 艺 品 摄 艺 品 游 魔 利 法 营 拳 技
狩 凉 织 影 趣 趣 游 帆 趣 技 球 术 棒 缝
品 鞋 蓝 摄 术 益 艺 船 钓 潜 伞 技 拳
潜 画 图 色 园 营 魔 松 活 游 浮 湖 绘 松

蓝色
码头
毛巾
螃蟹
海岸
泻湖

海洋
凉鞋
假期
帆船
太阳

19 - Eten #2

猕	拼	拼	葡	缝	织	猎	图	阅	园	桃	棒	阅	拼
瓷	猴	暇	苹	萄	火	腿	画	篮	菠	萝	击	利	戏
纫	动	桃	果	纫	影	跳	利	游	陶	篮	图	狩	画
番	品	图	猎	暇	猎	放	放	戏	拼	钓	远	球
茄	益	钓	鱼	香	蕉	钓	跳	面	园	拼	跳	戏	摄
魔	子	足	露	暇	猎	戏	包	松	活	拳	远	法
潜	阅	活	跳	品	舞	瓷	活	工	缝	织	阅	松	品
活	能	读	猎	小	酸	图	狩	棒	陶	棒	艺	远	游
狩	陶	潜	棒	麦	奶	蛋	西	花	钓	猎	画	棒
鱼	法	钓	潜	艺	针	陶	游	兰	阅	棒	足	芦	阅
舞	跳	奶	酪	针	动	影	鱼	织	趣	棒	技	笋	术
术	棒	能	动	活	钓	画	营	艺	棒	球	织	影	放
鱼	鱼	戏	影	乐	米	品	鱼	击	画	艺	棒	绘	鸡
术	影	鱼	艺	影	鱼	足	阅	狩	工	鱼	杏	仁	影

杏仁
菠萝
苹果
芦笋
茄子
香蕉
西兰花
面包

葡萄
火腿
奶酪
猕猴桃
小麦
番茄
酸奶

20 - Klimmen

技	术	园	园	营	指	南	乐	棒	游	猎	技	影	篮
趣	足	稳	篮	技	能	乐	地	形	园	陶	露	远	足
棒	陶	定	暇	术	篮	松	品	舞	松	好	露	击	拼
益	潜	性	针	击	游	狩	益	图	绘	奇	工	挑	工
大	技	放	绘	狩	陶	放	放	园	影	心	露	摄	战
拳	气	缝	技	益	艺	能	读	营	影	松	乐	窄	鱼
舞	狩	层	织	能	画	鱼	术	猎	魔	放	击	拼	瓷
狩	利	陶	织	头	盔	动	读	狩	乐	能	露	拼	艺
高	度	技	钓	摄	击	织	法	足	跳	魔	足	潜	影
棒	品	靴	营	读	拼	力	陶	跳	纫	品	园	缝	益
乐	摄	摄	子	露	游	量	乐	狩	远	纫	图	放	活
戏	益	动	钓	乐	织	影	活	手	套	专	家	益	织
画	能	拼	地	趣	拳	放	能	能	潜	法	针	艺	远
棒	篮	戏	图	篮	棒	击	拼	纫	跳	洞	穴	益	营

大气层
专家
指南
洞穴
手套
头盔
高度
地图

力量
靴子
好奇心
稳定性
地形
挑战
远足

21 - Gymnastiek

露	松	画	体	乐	魔	箍	敏	捷	园	击	狩	品	趣
读	钓	跳	育	操	鱼	拼	松	织	远	动	画	足	摄
画	露	织	馆	乐	运	织	瓷	能	乐	游	缝	工	露
跳	动	利	缝	猎	跳	动	瓷	潜	利	松	棒	棒	棒
趣	能	鱼	跳	魔	松	猎	员	暇	戏	织	跳	魔	艺
教	练	术	技	能	魔	法	手	组	合	粉	猎	篮	陶
分	团	工	舞	鱼	击	陶	艺	常	规	笔	艺	针	狩
数	品	队	纫	品	画	击	影	能	拼	工	暇	猎	趣
松	画	钓	戏	钓	园	露	鱼	织	术	狩	个	人	拳
缝	法	力	音	趣	活	舞	益	乐	鱼	动	篮	戏	猎
远	画	量	乐	球	钓	潜	法	官	能	利	棒	法	针
狩	趣	动	图	能	潜	陶	舞	棒	戏	益	舞	松	针
击	能	织	阅	术	技	艺	影	技	游	能	拳	趣	利	技
游	乐	织	暇	利	足	艺	潜	潜	法	画	缝	品	技

组合	法官
体育馆	常规
体操运动员	分数
个人	团队
力量	教练
粉笔	敏捷
音乐	

22 - Restaurant #1

狩	篮	瓷	面	咖	露	纫	画	工	过	钓	图	足	魔
拼	陶	击	包	啡	跳	陶	能	远	敏	读	针	画	纫
工	陶	织	艺	球	益	能	魔	纫	针	缝	潜	餐	巾
能	保	摄	拳	松	能	击	技	读	品	法	营	游	艺
乐	留	露	拳	利	远	露	击	魔	绘	缝	活	画	拼
拼	阅	猎	品	法	女	服	务	员	露	棒	瓷	瓷	影
工	陶	暇	刀	放	乐	能	乐	影	动	食	舞	活	游
狩	球	瓷	织	利	纫	暇	戏	缝	篮	物	跳	品	园
瓷	远	活	酱	潜	活	猎	露	魔	针	纫	远	厨	能
出	园	足	趣	盘	篮	跳	碗	潜	狩	拼	猎	远	房
纳	暇	营	营	子	甜	趣	陶	影	技	纫	跳	辣	棒
员	菜	单	园	益	魔	点	法	乐	影	活	纫	拳	松
篮	陶	缝	影	瓷	织	能	足	影	拳	技	魔	篮	缝
技	拳	篮	狩	园	益	拼	乐	肉	鸡	影	针	绘	术

过敏
盘子
面包
出纳员
厨房
咖啡

菜单
保留
女服务员
餐巾
甜点
食物

23 - Geologie

高	间	歇	泉	侵	酸	棒	瓷	纫	钓	猎	舞	露	瓷
原	趣	拼	拳	洞	蚀	术	术	钓	鱼	矿	棒	乐	舞
地	露	影	营	园	穴	篮	魔	趣	乐	物	绘	暇	摄
震	纫	趣	技	乐	能	钓	潜	益	足	瓷	击	球	瓷
瓷	陶	石	英	缝	舞	熔	岩	钟	大	狩	棒	钓	益
球	趣	舞	利	猎	画	跳	戏	乳	陆	画	放	区	拼
画	法	能	动	瓷	钓	动	活	石	头	游	针	游	瓷
陶	图	拳	舞	能	读	益	游	拼	鱼	艺	棒	活	影
钓	针	趣	水	晶	纫	艺	缝	足	戏	远	层	摄	游
露	拼	钙	潜	足	术	击	击	趣	法	工	阅	针	狩
远	画	艺	盐	暇	活	远	珊	火	山	狩	拳	动	魔
活	画	足	针	园	暇	放	瑚	缝	狩	狩	篮	缝	露
针	篮	缝	游	跳	鱼	织	暇	魔	活	化	石	戏	织
画	乐	能	戏	潜	舞	园	活	品	击	松	法	法	趣

地震
大陆
侵蚀
化石
间歇泉
洞穴
珊瑚
水晶

石英
熔岩
矿物
高原
钟乳石
石头
火山

24 - Specerijen

乐	肉	豆	蔻	营	远	活	益	图	戏	鱼	棒	舞	营
胡	桂	影	乐	甜	鱼	猎	狩	法	工	露	法	动	放
戏	椒	艺	猎	蜜	藏	咖	喱	大	暇	活	法	舞	棒
利	阅	击	术	的	露	红	钓	蒜	法	阅	营	球	猎
针	艺	动	趣	跳	味	道	花	胡	舞	鱼	狩	影	摄
法	戏	击	针	术	缝	品	影	芦	篮	拼	松	动	潜
纫	足	乐	放	盐	舞	艺	技	巴	纫	营	工	工	画
摄	鱼	苦	魔	舞	戏	松	艺	园	术	益	活	利
品	针	足	洋	葱	陶	工	鱼	乐	益	艺	舞	戏	绘
辣	针	露	钓	松	松	针	艺	姜	技	术	游	法	拼
椒	利	趣	球	影	益	拼	拳	篮	影	足	露	丁	豆
粉	阅	暇	读	拳	棒	魔	香	艺	针	动	茴	香	蔻
钓	趣	能	读	篮	技	绘	菜	利	游	品	孜	草	法
棒	球	图	拼	暇	远	活	活	暇	游	狩	拳	然	瓷

胡芦巴
肉桂
豆蔻
咖喱
大蒜
孜然
香菜
丁香
肉豆蔻

辣椒粉
胡椒
藏红花
味道
洋葱
香草
茴香
甜蜜的

25 - Groenten

影	术	远	技	术	胡	拳	读	瓷	游	绘	球	活	利
潜	趣	戏	绘	工	萝	能	潜	拼	露	松	暇	法	钓
阅	露	松	球	能	卜	豌	豆	舞	拼	萝	足	摄	画
能	乐	潜	棒	狩	击	拳	篮	放	活	卜	西	益	潜
读	猎	活	露	姜	绘	营	足	画	陶	技	兰	园	趣
钓	图	远	狩	图	阅	远	营	利	营	南	花	针	球
工	拳	影	阅	陶	技	橄	放	法	黄	瓜	缝	阅	园
番	茄	子	猎	球	缝	榄	趣	影	活	活	暇	动	远
足	趣	拼	乐	摄	钓	动	拼	狩	芜	菁	摄	拼	香
拳	陶	洋	蘑	篮	摄	针	趣	织	鱼	陶	松	能	菜
法	猎	拳	葱	菇	朝	鲜	蓟	织	球	营	读	营	猎
画	利	摄	缝	园	拳	营	暇	影	阅	术	益	菠	沙
工	趣	益	技	术	露	品	足	绘	钓	篮	芹	菜	拉
绘	暇	工	戏	图	工	远	击	拳	园	跳	大	蒜	陶

朝鲜蓟
茄子
西兰花
豌豆
大蒜
黄瓜
橄榄
蘑菇
香菜

南瓜
芜菁
萝卜
沙拉菜
芹菜
菠菜
番茄
洋葱
胡萝卜

26 - Dans

纫	缝	读	拳	视	术	艺	钓	摄	戏	活	利	画	松
术	足	戏	读	觉	古	典	艺	露	瓷	篮	阅	放	艺
技	图	跳	露	的	球	身	体	球	纫	球	击	能	益
编	文	学	院	快	活	钓	优	术	技	营	拳	球	织
舞	化	钓	音	乐	拼	趣	益	雅	利	工	术	缝	趣
游	篮	陶	瓷	动	画	瓷	跳	击	品	图	狩	舞	暇
摄	篮	传	益	远	营	富	术	远	潜	艺	跳	活	鱼
法	暇	跳	统	情	感	有	伙	鱼	缝	球	露	瓷	品
趣	露	松	远	的	击	表	伴	趣	姿	势	放	趣	瓷
松	钓	陶	动	品	营	现	魔	击	纫	缝	篮	园	戏
松	营	能	魔	营	篮	力	击	品	游	趣	游	露	能
法	艺	瓷	足	利	瓷	图	棒	狩	缝	节	艺	术	艺
运	魔	远	瓷	放	瓷	瓷	跳	能	奏	狩	戏	图	足
动	织	织	摄	纫	阅	篮	魔	画	技	击	园	绘	足

学院　　　　　　　　古典
运动　　　　　　　　艺术
快乐　　　　　　　　身体
编舞　　　　　　　　音乐
文化　　　　　　　　伙伴
情感　　　　　　　　节奏
富有表现力　　　　　传统的
优雅　　　　　　　　视觉的
姿势

27 - Sport

网	篮	法	术	能	绘	放	潜	棒	鱼	体	园	读	足
暇	球	纫	舞	瓷	品	利	营	鱼	能	潜	育	艺	舞
园	技	法	营	艺	趣	工	品	体	游	戏	场	陶
游	图	动	影	松	足	益	篮	园	育	潜	钓	足	拼
足	暇	读	戏	术	织	体	法	术	馆	足	狩	趣	法
阅	钓	球	活	团	瓷	操	趣	摄	品	运	动	员	利
绘	法	裁	判	队	营	画	播	乐	阅	纫	运	球	图
艺	潜	击	艺	跳	高	摄	放	艺	能	缝	动	自	趣
乐	舞	球	园	猎	营	尔	器	营	工	魔	教	行	篮
跳	远	乐	品	游	纫	拳	趣	读	钓	练	车	松
阅	拳	趣	舞	趣	画	曲	棍	球	绘	优	胜	者	露
园	冠	能	鱼	术	拳	法	跳	乐	舞	图	暇	画	画
园	军	潜	魔	技	狩	缝	棒	狩	趣	暇	工	绘	棒
篮	鱼	游	陶	棒	球	读	魔	魔	陶	舞	陶	篮	织

运动员	冠军
篮球	裁判
运动	游戏
自行车	播放器
高尔夫球	体育场
体育馆	团队
体操	网球
曲棍球	教练
棒球	优胜者

28 - Mythologie

怪	远	营	阅	画	园	原	型	天	松	暇	击	针	图
狩	物	传	说	乐	针	缝	针	堂	影	动	放	暇	钓
闪	电	舞	针	画	阅	舞	魔	狩	跳	击	放	足	品
击	活	球	球	读	魔	画	舞	远	狩	纫	陶	利	缝
足	暇	棒	园	阅	跳	松	园	量	技	凡	术	暇	针
嫉	潜	足	缝	利	园	潜	阅	创	足	跳	人	趣	戏
妒	棒	法	棒	魔	品	游	球	造	技	趣	暇	战	品
利	品	术	复	戏	趣	动	品	利	拼	文	化	士	读
动	迷	宫	仇	益	雷	读	艺	松	纫	动	狩	瓷	钓
钓	艺	棒	影	狩	益	跳	英	雄	活	暇	猎	潜	缝
潜	阅	拳	乐	行	法	活	不	朽	远	拼	跳	灾	难
击	戏	能	陶	艺	为	女	狩	利	织	棒	针	绘	游
松	营	游	游	生	物	主	游	篮	钓	能	品	球	品
品	纫	针	动	舞	艺	角	游	活	动	益	绘	针	

原型
闪电
创造
文化
迷宫
行为
英雄
女主角
天堂
嫉妒

力量
战士
传说
怪物
不朽
灾难
凡人
生物
复仇

利	纫	跳	织	离	博	拳	背	跳	纫	松	足	影	术
园	露	拼	活	开	物	营	包	狩	园	钓	工	影	趣
图	魔	远	益	击	馆	狩	棒	影	击	利	钓	游	阅
园	潜	潜	动	拳	技	品	击	松	益	画	手	提	箱
飞	机	工	织	法	远	潜	远	行	篮	放	品	读	松
工	拼	工	魔	舞	针	术	征	放	程	放	松	乐	织
陶	松	海	击	阅	营	狩	游	戏	戏	针	图	球	陶
松	园	魔	关	能	绘	影	趣	露	露	绘	拳	跳	园
术	魔	伞	读	猎	戏	钓	票	艺	击	织	足	魔	纫
电	车	鱼	乐	趣	针	棒	戏	营	舞	摄	狩	跳	阅
影	园	工	摄	纫	动	舞	活	法	松	暇	松	绘	球
艺	织	松	瓷	汽	戏	拳	潜	动	游	园	击	猎	舞
品	游	术	击	车	货	阅	魔	远	客	动	缝	击	陶
画	品	针	工	暇	币	戏	暇	工	湖	棒	棒	击	工

汽车
海关
远征
手提箱
博物馆
放松
行程

背包
游客
电车
货币
离开飞机

30 - Eten #1

草	莓	利	足	猎	舞	园	金	读	瓷	缝	魔	针	品
舞	技	暇	针	趣	暇	能	枪	陶	影	利	能	远	针
狩	法	动	动	戏	读	魔	鱼	糖	鱼	乐	纫	营	跳
牛	奶	动	法	放	影	法	松	球	趣	艺	魔	洋	园
利	纫	跳	乐	图	狩	陶	乐	沙	绘	活	拳	技	葱
缝	阅	营	暇	梨	松	拳	球	画	拉	动	利	游	杏
影	击	瓷	织	陶	趣	拳	图	戏	术	钓	影	舞	陶
陶	技	棒	绘	品	魔	跳	营	果	汁	图	击	球	针
游	工	阅	钓	柠	篮	戏	潜	绘	画	拼	摄	棒	潜
肉	桂	潜	影	檬	园	盐	拼	击	画	陶	能	猎	图
瓷	动	动	能	球	汤	大	营	绘	胡	游	工	画	乐
狩	花	技	肉	菠	菜	麦	潜	露	萝	篮	拳	影	拼
魔	生	益	罗	勒	鱼	大	活	绘	卜	跳	球	术	利
读	利	纫	影	术	针	摄	蒜	舞	球	益	陶	织	动

草莓	花生
罗勒	沙拉
柠檬	果汁
大麦	菠菜
肉桂	金枪鱼
大蒜	洋葱
牛奶	胡萝卜

31 - Avontuur

行	术	游	拳	潜	画	瓷	图	利	潜	营	纫	利	针
缝	程	球	钓	跳	远	足	乐	利	拼	能	潜	摄	钓
安	全	瓷	摄	鱼	活	旅	织	机	会	棒	魔	利	鱼
陶	魔	游	篮	阅	摄	放	行	活	魔	导	航	戏	篮
露	益	猎	猎	戏	跳	足	篮	球	营	舞	术	图	读
棒	异	活	动	危	险	潜	术	拼	篮	陶	画	猎	艺
足	常	游	趣	园	暇	露	趣	趣	远	阅	美	新	拼
跳	拼	跳	术	读	戏	绘	画	暇	跳	棒	趣	的	画
舞	纫	影	棒	困	热	远	摄	跳	足	趣	游	动	瓷
乐	术	能	棒	难	情	勇	敢	游	利	术	艺	动	挑
法	舞	缝	活	朋	拳	乐	绘	潜	棒	击	织	目	战
乐	准	营	陶	友	拼	针	放	园	读	魔	园	的	法
利	备	品	放	陶	大	自	然	利	喜	图	图	地	钓
松	活	暇	绘	拼	影	纫	棒	猎	悦	击	趣	足	松

活动
目的地
热情
远足
危险
机会
勇敢
困难
大自然
导航

新的
异常
行程
旅行
挑战
安全
准备
喜悦
朋友

32 - Circus

针	影	读	术	远	能	织	纫	摄	艺	松	足	织	读
猎	活	杂	耍	狩	动	纫	趣	画	陶	术	暇	法	拳
图	针	技	瓷	猎	物	瓷	鱼	猴	子	糖	篮	诡	计
猎	纫	演	读	魔	球	读	放	拳	绘	果	戏	趣	音
篮	棒	员	品	图	织	阅	阅	远	松	鱼	影	气	乐
画	画	瓷	舞	球	趣	猎	足	利	织	棒	技	球	击
趣	活	术	陶	乐	营	阅	活	缝	钓	绘	趣	缝	潜
潜	利	图	松	织	拼	壮	松	钓	小	品	猎	阅	技
游	陶	绘	跳	术	品	观	露	露	丑	跳	动	织	能
行	乐	图	阅	绘	大	象	老	摄	松	远	画	绘	工
趣	帐	利	拳	魔	读	图	利	虎	品	跳	益	技	织
服	狩	篷	纫	术	击	品	技	篮	营	票	狮	子	魔
装	影	摄	击	师	法	画	露	营	松	观	工	跳	针
技	技	品	图	针	工	鱼	工	织	魔	法	众	乐	术

猴子　　　　　　　音乐
杂技演员　　　　　大象
气球　　　　　　　游行
小丑　　　　　　　糖果
动物　　　　　　　壮观
魔术师　　　　　　帐篷
杂耍　　　　　　　老虎
服装　　　　　　　观众
狮子　　　　　　　诡计
魔法

33 - Restaurant #2

乐 猎 针 画 沙 读 水 读 艺 画 松 舞 暇 放
美 味 能 篮 篮 拉 摄 果 勺 子 球 拳 拼 暇
击 艺 服 摄 棒 陶 利 能 阅 拳 图 图 能 品
拼 品 务 法 织 潜 松 游 技 瓷 术 远 园 放
艺 缝 员 鱼 拳 陶 放 营 远 魔 织 幼 画 面
暇 远 棒 针 影 营 法 趣 画 品 松 利 工 条
蛋 球 品 利 拼 术 游 鱼 摄 冰 远 游 营 针
糕 叉 子 活 影 拳 缝 能 品 图 读 椅 子 球
魔 针 猎 狩 暇 缝 纫 拼 品 击 动 技 技 品
画 鱼 拼 趣 乐 舞 绘 潜 艺 营 幼 潜 影 汤
织 香 饮 画 能 读 活 陶 图 舞 猎 读 活 戏
狩 暇 料 针 球 艺 戏 动 乐 品 盐 益 狩 工
跳 法 晚 暇 品 篮 狩 猎 蔬 菜 画 狩 棒 园
钓 午 餐 纫 针 拳 拳 艺 影 缝 技 趣 狩 鱼

蛋糕　　　　　　　午餐
晚餐　　　　　　　面条
饮料　　　　　　　服务员
水果　　　　　　　沙拉
蔬菜　　　　　　　香料
美味　　　　　　　椅子
勺子　　　　　　　叉子

远 猎 传 水 魔 陶 织 益 棒 术 织 益 艺 织
生 舞 粉 果 露 舞 能 猎 鱼 动 魔 品 乐 足
境 态 者 蜡 活 乐 影 读 利 动 织 游 舞 潜
女 王 系 暇 园 球 暇 拳 艺 趣 画 织 拳 陶
猎 活 法 统 画 跳 烟 营 有 益 的 画 暇 足
露 游 图 露 暇 织 能 阅 织 技 活 艺 拳 织
读 放 园 狩 针 瓷 狩 篮 阅 图 鱼 乐 影 陶
艺 舞 击 太 棒 昆 缝 术 拳 舞 乐 能 蜂
蜂 蜜 潜 暇 阳 群 拳 虫 瓷 乐 拳 篮 针 巢
绘 纫 技 棒 阅 狩 击 瓷 画 活 缝 术 能
多 样 性 松 绘 食 术 瓷 狩 陶 法 魔 工
针 开 狩 拳 技 物 技 瓷 营 放 翅 膀 远 品
营 花 园 游 园 远 鱼 益 棒 能 趣 乐 营
工 粉 乐 法 利 技 松 技 画 狩 动 戏 阅 益

传粉者   昆虫
蜂巢   女王
开花   花粉
多样性   花园
生态系统   翅膀
水果   食物
生境   有益的
蜂蜜   太阳

乐	标	活	针	钓	能	潜	松	陶	暇	潜	读	数	学
趣	足	记	铅	笔	趣	艺	戏	文	术	击	品	针	绘
拼	魔	篮	拼	品	放	缝	织	件	纸	阅	画	放	游
跳	老	课	堂	图	能	数	字	夹	露	答	朋	友	陶
考	师	游	针	纫	陶	魔	摄	鱼	书	籍	案	绘	跳
试	午	餐	画	织	测	暇	棒	缝	远	远	利	击	艺
营	松	营	陶	舞	验	园	狩	球	钓	针	艺	击	园
钓	缝	阅	阅	趣	针	品	篮	图	工	图	击	跳	园
画	钓	拼	击	拳	能	戏	图	击	远	书	跳	狩	摄
缝	工	拼	活	瓷	动	字	摄	品	拼	馆	阅	跳	营
拼	术	鱼	舞	猎	趣	母	陶	棒	椅	子	棒	放	艺
钓	游	魔	园	拼	影	游	织	魔	足	露	拼	动	游
拼	活	篮	摄	艺	棒	法	暇	球	游	潜	动	暇	画
拼	瓷	暇	阅	露	潜	益	放	摄	读	篮	画	利	鱼

字母
答案
图书馆
书籍
数字
考试
课堂
老师
午餐

文件夹
标记
乐趣
铅笔
测验
椅子
朋友
数学

36 - Wandelen

方	向	荒	暇	舞	技	潜	棒	营	足	画	拼	篮	棒
潜	戏	野	魔	益	技	艺	画	织	拳	舞	画	拼	鱼
利	舞	图	活	地	图	工	拳	戏	重	活	魔	技	鱼
动	拼	篮	艺	球	游	营	营	动	益	狩	潜	纫	瓷
大	自	然	放	太	危	远	拳	品	舞	远	篮	水	法
画	摄	图	狩	阳	足	害	益	读	乐	术	织	针	游
利	悬	品	舞	益	画	图	艺	暇	趣	公	纫	露	钓
棒	棒	崖	猎	乐	足	技	园	暇	园	园	暇	陶	足
织	蚊	子	法	篮	趣	足	动	物	猎	绘	棒	绘	法
阅	摄	瓷	法	摄	法	跳	益	棒	松	绘	织	暇	织
动	累	瓷	石	游	露	营	气	候	露	品	拳	拳	球
营	术	拳	头	露	放	暇	峰	艺	准	游	靴	子	游
艺	拼	狩	品	纫	魔	技	钓	会	备	松	戏	术	影
远	缝	活	露	织	影	山	钓	瓷	魔	读	摄	画	纫

动物
危害
地图
露营
悬崖
气候
靴子
蚊子

大自然
大向
方园
公头
石会
峰备
准野
荒阳
太

37 - Installaties

松	放	植	物	学	戏	趣	图	树	狩	技	鱼	艺	暇
拼	画	树	被	益	摄	术	园	击	叶	陶	纫	篮	纫
艺	舞	动	舞	针	营	狩	利	草	本	植	物	工	艺
魔	能	缝	陶	露	画	织	摄	绘	活	动	纫	舞	乐
肥	松	术	技	针	拼	读	影	活	法	钓	影	竹	子
料	绘	鱼	益	苔	叶	钓	戏	针	能	动	远	品	阅
趣	仙	暇	灌	木	藓	纫	读	魔	游	根	球	缝
足	人	潜	猎	针	摄	鱼	篮	读	猎	法	魔	远	绘
织	掌	暇	园	动	足	鱼	绘	品	缝	术	织	露	钓
远	乐	篮	钓	瓷	放	森	林	影	针	游	绘	术	浆
植	物	花	击	趣	露	法	瓷	乐	纫	趣	狩	瓷	果
动	远	园	益	织	艺	活	足	影	画	工	球	猎	足
球	戏	纫	品	益	松	阅	陶	舞	拳	针	露	阅	舞
动	营	艺	营	常	春	藤	纫	拼	工	园	园	豆	魔

竹子	草本植物
浆果	肥料
森林	苔藓
仙人掌	植物学
植物	灌木
树叶	花园
常春藤	植被

38 - School #2

瓷	击	铅	文	献	读	针	技	营	影	钓	跳	营	技
法	鱼	暇	笔	猎	拼	书	魔	画	品	摄	术		周
足	缝	舞	乐	织	戏	活	籍	缝	远	缝	松	园	末
益	足	陶	游	狩	瓷	狩	鞋	教	营	狩	技	球	艺
织	读	法	针	瓷	图	足	育	露	鱼	影	篮		纸
钓	跳	摄	园	钓	猎	远	放	营	营	剪	露		画
术	艺	针	纫	法	暇	法	棒	艺	读	刀	图		放
字	典	画	图	乐	益	针	鱼	读	艺	动	书		背
品	法	露	橡	皮	能	击	营	猎	法	拼	馆		包
暇	术	钓	数	学	绘	球	术	放	陶	露	总		线
品	露	日	学	画	趣	阅	魔	园	拼	电	科		术
语	园	利	术	历	击	篮	瓷	法	针	脑	学		活
拼	法	影	营	游	老	师	松	营	法	篮	读		针
趣	陶	术	笔	工	趣	暇	阅	鱼	击	游	陶	术	缝

图书馆
书籍
总线
电脑
橡皮
语法
日历
老师
文献

教育
铅笔
背包
剪刀
周末
科学
数字

39 - Oceaan

潮	潜	潜	工	礁	珊	陶	球	远	海	豚	瓷	益	瓷
汐	海	蜇	松	狩	瑚	能	球	金	营	击	猎	暇
工	幼	幼	游	画	螃	蟹	益	图	鲨	技	拼	足
乐	读	图	影	足	潜	利	趣	松	鱼	海	绵	击
活	放	陶	绘	潜	能	跳	潜	拳	织	技	营	艺
技	足	阅	利	阅	风	暴	拳	营	幼	猎	营
松	暇	篮	球	益	舞	针	魔	瓷	读	阅	摄	船
画	暇	能	读	益	艺	球	乐	针	法	阅	钓	露
绘	棒	足	盐	潜	藻	乌	游	品	球	陶	乐	露	动
暇	鱼	狩	绘	鳗	类	龟	露	虾	松	乐	潜	技	艺
球	钓	篮	足	鱼	趣	暇	针	远	拳	园	舞	章	鱼
舞	艺	棒	乐	放	营	针	绘	拼	鲸	暇	松	缝	图
篮	棒	法	牡	营	猎	松	活	阅	猎	球	趣	拼	利
乐	影	图	蛎	针	放	放	放	技	戏	瓷	织	球	戏

鳗鱼
藻类
海豚
潮汐
鲨鱼
珊瑚
螃蟹

海蜇
章鱼
牡蛎
乌龟
海绵
风暴
金枪鱼

```
狩 动 足 魔 术 利 希 纫 乐 墨 索 活 影 篮
织 画 摄 猎 篮 比 腊 动 露 西 马 阅 利 放
老 挝 织 爱 埃 里 猎 鱼 陶 哥 里 狩 拳 营
舞 尼 泊 尔 塞 亚 足 游 缝 织 棒 艺 园 魔
趣 绘 日 兰 俄 罗 斯 活 趣 利 缝 拳 绘 戏
营 球 摄 利 比 暇 织 园 针 园 能 动 击 松
法 国 鱼 工 亚 篮 放 利 趣 远 艺 鸟 活 图
丹 麦 日 益 陶 马 利 猎 暇 阅 松 远 干 图
益 阅 本 肯 缝 来 园 动 织 读 叙 利 亚 达
术 击 印 度 尼 西 亚 足 艺 露 工 远 放 利
利 营 球 潜 乌 亚 工 影 利 狩 织 黎 魔
陶 陶 纫 读 克 绘 魔 远 营 针 纫 巴 棒
游 图 缝 狩 兰 纫 能 趣 园 放 趣 潜 嫩 陶
乐 能 足 画 纫 戏 魔 篮 绘 击 趣 松 品 影
```

丹麦	利比里亚
埃塞俄比亚	马来西亚
法国	墨西哥
希腊	尼泊尔
爱尔兰	尼日利亚
印度尼西亚	乌干达
日本	乌克兰
肯尼亚	俄罗斯
老挝	索马里
黎巴嫩	叙利亚

41 - Bloemen

活	影	蒲	水	仙	花	薰	芙	钓	益	陶	营	郁	远
玫	拳	公	陶	露	法	衣	跳	蓉	动	狩	跳	金	戏
瑰	缝	英	松	足	猎	草	击	棒	游	画	能	香	图
画	露	乐	篮	栀	绘	露	拳	活	放	百	针	露	织
三	针	纫	瓷	子	足	拳	跳	织	雏	合	图	暇	游
叶	画	影	兰	花	猎	拳	动	足	菊	露	工	远	趣
草	摄	猎	暇	游	园	艺	魔	暇	鱼	活	乐	放	钓
远	园	绘	戏	乐	潜	陶	花	瓷	艺	舞	园	暇	动
绘	摄	牡	西	番	莲	动	摄	瓣	击	影	工	利	术
营	园	能	丹	动	放	图	潜	针	织	乐	技	狩	营
乐	织	营	利	工	钓	绘	向	针	品	缝	狩	戏	影
球	针	趣	露	活	乐	技	日	针	鱼	钓	益	摄	鱼
茉	莉	花	罂	粟	花	束	葵	利	工	玉	图	放	拼
趣	趣	暇	击	绘	魔	画	暇	棒	能	兰	益	棒	工

花瓣
花束
栀子花
芙蓉
茉莉花
三叶草
薰衣草
百合
雏菊
玉兰

水仙花
兰花
蒲公英
罂粟
西番莲
牡丹
玫瑰
郁金香
向日葵

42 - Huisdieren

摄	纫	狩	兔	山	羊	小	狗	乌	纫	狩	鱼	陶	艺
魔	术	工	针	子	利	猫	放	龟	针	击	松	露	拼
舞	鱼	游	足	击	摄	狩	能	技	画	棒	术	鱼	钓
园	画	法	乐	活	兽	医	趣	棒	舞	棒	能	远	利
绘	球	瓷	钓	击	食	读	摄	园	远	技	园	针	猎
钓	鱼	活	利	鱼	物	摄	乐	潜	棒	狗	钓	陶	跳
篮	远	放	猎	松	活	足	益	动	绘	动	织	仓	读
摄	摄	品	戏	篮	球	织	鱼	猫	营	鱼	缝	鼠	水
趣	暇	拳	园	舞	远	法	远	纫	篮	园	乐	击	跳
法	远	织	棒	益	爪	技	跳	绘	鹦	鹉	拼	趣	潜
织	蜥	蜴	阅	拳	远	子	乐	篮	能	陶	拳	放	戏
露	衣	领	露	舞	图	动	阅	拼	缝	戏	拳	跳	牛
陶	利	摄	潜	狩	趣	利	影	瓷	纫	戏	园	放	影
摄	潜	品	潜	针	绘	活	针	钓	尾	巴	游	益	拼

兽医
山羊
蜥蜴
仓鼠
小猫
兔子
衣领

鹦鹉
爪子
小狗
乌龟
尾巴
食物

43 - Landschappen

技	猎	瓷	舞	洞	动	冰	绿	洲	半	岛	活	海	摄
暇	能	法	阅	拼	穴	川	阅	舞	摄	远	瀑	洋	舞
品	棒	技	苔	原	趣	画	拼	击	河	活	布	猎	针
读	钓	远	活	营	动	纫	陶	松	影	能	影	篮	湖
拼	沙	工	活	影	游	影	拼	海	摄	魔	活	篮	图
图	漠	魔	针	鱼	读	工	舞	海	湾	乐	绘	术	鱼
法	魔	趣	乐	棒	火	瓷	技	滩	阅	狩	画	拳	品
间	法	画	露	阅	冰	山	猎	读	能	钓	钓	利	远
狩	歇	魔	狩	技	露	暇	趣	击	狩	缝	术	织	瓷
乐	潜	泉	松	织	拼	戏	画	工	读	足	篮	沼	泽
图	拼	益	纫	球	图	乐	动	工	跳	游	瓷	法	戏
缝	钓	阅	山	谷	摄	画	狩	趣	陶	拳	营	利	拳
猎	绘	篮	能	跳	乐	画	益	艺	狩	营	能	营	拼
艺	能	足	球	狩	术	鱼	跳	山	棒	营	能	法	品

间歇泉
冰川
海湾
洞穴
冰山
沼泽
绿洲
海洋

半岛
海滩
苔原
山谷
火山
瀑布
沙漠

露 露 跳 益 品 果 趣 针 吊 栅 栏 软 管 池
营 读 跳 营 花 园 狩 活 拳 床 击 戏 土 塘
拳 狩 花 鱼 戏 门 廊 拳 猎 品 拼 趣 壤 狩
陶 拳 阅 织 远 放 草 狩 足 活 园 绘 利 营
能 画 技 狩 纫 营 坪 绘 图 织 球 技 工 游
放 图 园 趣 术 魔 松 图 画 暇 车 岩 足 游
铲 灌 术 园 潜 趣 拳 拼 读 绘 库 石 足 戏
猎 读 木 工 活 足 影 瓷 图 影 露 术 足 露
活 图 露 狩 耙 益 动 乐 戏 戏 杂 草 营 织
瓷 拳 放 绘 动 法 鱼 陶 画 潜 足 拳 跳 乐
法 球 拼 平 瓷 拳 针 暇 篮 技 戏 园 摄 画
钓 图 球 台 活 瓷 趣 趣 棒 利 戏 能 绘 趣
蹦 营 纫 松 松 营 拼 读 能 读 草 工 拳 品
床 足 乐 潜 跳 瓷 针 钓 益 拳 活 利 趣 潜

土壤
果园
车库
草坪
吊床
栅栏
杂草
岩石

软管
灌木
平台
蹦床
花园
门廊
池塘

45 - Katten

荒 钓 爪 拼 品 狩 术 球 鱼 益 猎 鱼 足 绘
野 鱼 子 动 瓷 拼 暇 能 绘 狩 影 远 击 球
拼 针 动 游 品 工 鱼 读 园 猎 动 园 针 暇
术 技 篮 拼 游 戏 好 奇 远 独 趣 足 疯 露
利 足 画 暇 毛 皮 玩 影 影 立 尾 巴 狂 利
棒 图 鱼 图 利 棒 的 击 鱼 睡 游 活 的 害
影 钓 术 潜 纫 舞 潜 潜 读 针 觉 篮 营 羞
个 性 拼 工 远 缝 图 舞 有 缝 拼 鱼 图
猎 击 艺 影 跳 缝 针 放 趣 活 纱 游 品
瓷 人 缝 足 鱼 舞 篮 拳 放 品 拼 暇 纫
动 工 狩 乐 舞 松 足 鼠 摄 狩 活 能 跳
活 舞 法 缝 暇 魔 暇 织 远 法 球 拳 绘
益 陶 缝 法 织 足 营 利 击 活 远 篮 法
拳 缝 画 棒 暇 营 跳 艺 钓 读 跳 放 影

毛皮　　　　　　爪子
疯狂的　　　　　睡觉
有趣　　　　　　好玩的
猎人　　　　　　尾巴
好奇　　　　　　害羞
独立　　　　　　荒野
个性

图	益	摄	舞	读	放	生	插	潜	利	摄	活	鱼	拳
乐	陶	陶	陶	瓷	猎	物	园	画	拼	影	医	生	游
游	哲	外	科	医	生	学	农	丁	家	师	营	击	益
魔	学	棒	营	猎	飞	家	民	游	瓷	品	技	钓	舞
瓷	家	拼	针	露	行	侦	探	狩	球	露	利	利	织
陶	纫	暇	宇	航	员	足	营	击	术	放	猎	图	陶
动	读	活	陶	远	拼	狩	读	戏	技	利	阅	益	击
利	乐	记	图	营	动	语	松	老	钓	术	拼	暇	远
发	明	者	书	图	猎	言	工	程	师	读	远	戏	鱼
益	益	法	管	牙	医	学	工	营	篮	针	击	动	钓
图	拼	瓷	理	乐	图	家	画	瓷	营	狩	趣	足	缝
阅	乐	织	员	研	究	员	家	舞	狩	钓	拼	猎	篮
拳	动	针	露	猎	击	品	园	棒	织	品	陶	潜	法
法	跳	绘	能	趣	摄	远	足	图	篮	针	阅	纫	营

医生	工程师
宇航员	记者
图书管理员	老师
生物学家	语言学家
农民	研究员
外科医生	飞行员
侦探	画家
哲学家	牙医
摄影师	园丁
插画家	发明者

47 - Komedie

狩	瓷	园	戏	露	模	画	营	远	鱼	摄	露	益	品
工	聪	明	戏	技	仿	掌	钓	法	活	笑	话	陶	猎
动	篮	远	远	暇	暇	利	声	能	暇	品	猎	艺	乐
瓷	趣	类	型	纫	技	绘	能	织	活	术	趣	利	阅
拼	图	营	舞	纫	球	球	富	即	法	营	足	跳	演
击	拳	绘	陶	拼	织	松	有	兴	益	女	拼	戏	员
绘	笑	声	活	趣	活	猎	表	创	击	艺	演	有	乐
乐	趣	小	猎	艺	电	视	现	作	游	篮	乐	员	趣
技	纫	丑	远	趣	图	鱼	力	织	乐	松	剧	院	益
织	技	术	潜	松	纫	法	瓷	钓	放	益	瓷	图	益
跳	益	篮	松	棒	拼	跳	球	露	幽	远	读	游	远
技	营	品	观	跳	拼	潜	钓	品	默	跳	魔	击	狩
技	术	露	众	露	品	舞	读	工	球	针	鱼	远	阅
读	术	摄	画	松	绘	游	魔	织	阅	动	营	绘	放

演员
女演员
掌声
小丑
富有表现力
笑声
类型
笑话
有趣

幽默
即兴创作
模仿
乐趣
观众
聪明
电视
剧院

48 - Dagen en Maanden

游	猎	拳	星	期	三	二	利	露	益	六	读	动	跳
星	期	六	期	拳	月	月	击	能	趣	十	月	艺	球
日	历	艺	日	阅	艺	利	九	针	猎	一	星	期	二
影	七	法	陶	足	工	乐	月	乐	品	月	星	期	五
绘	月	远	露	击	活	拼	幼	法	读	幼	营	钓	猎
读	园	钓	舞	摄	戏	工	暇	阅	鱼	八	读	猎	益
拼	术	术	营	球	缝	陶	术	乐	乐	篮	术	周	年
趣	暇	陶	乐	潜	远	远	钓	潜	术	钓	能	趣	艺
绘	足	暇	拼	能	陶	园	画	摄	活	拳	趣	趣	棒
游	工	法	瓷	拼	园	远	篮	幼	露	术	读	球	猎
品	益	缝	乐	活	篮	狩	针	影	舞	缝	绘	影	戏
营	暇	工	击	远	星	针	营	星	陶	织	松	绘	绘
纫	影	法	益	纫	期	瓷	品	期	球	利	艺	舞	园
趣	读	法	技	魔	一	月	园	四	园	工	图	动	术

八月
星期二
星期四
二月
一月
七月
六月
日历
星期一

三月
十一月
十月
九月
星期五
星期三
星期六
星期日

49 - Beeldende Kunsten

趣 拳 戏 阅 阅 粘 纫 益 缝 球 露 陶 器 园
营 舞 游 暇 绘 土 鱼 摄 营 暇 足 蜡 织 照
工 肖 像 露 趣 益 拼 纫 狩 针 陶 拼 摄 片
建 艺 针 趣 趣 狩 暇 艺 工 篮 击 技 狩 画
动 筑 趣 猎 远 魔 品 术 艺 读 木 摄 跳 跳
纫 粉 笔 绘 鱼 露 戏 家 模 艺 炭 乐 杰 利
针 拳 乐 画 织 露 技 能 具 棒 术 陶 作 拳
画 猎 乐 架 松 暇 乐 松 游 织 术 戏 篮 电
拳 活 拳 游 技 利 远 舞 击 园 绘 狩 利 影
看 篮 绘 摄 画 织 影 戏 营 雕 缝 活 纫 绘
露 法 放 益 魔 术 艺 铅 笔 塑 绘 品 活 图
针 瓷 绘 动 创 暇 绘 术 击 鱼 能 笔 活 足
绘 营 品 阅 潜 造 游 潜 术 能 潜 艺 阅 松
趣 球 阅 瓷 品 活 力 舞 猎 鱼 陶 暇 活 针

陶器
建筑
艺术家
雕塑
创造力
画架
电影
照片
木炭

粘土
粉笔
杰作
看法
肖像
铅笔画
绘模具

50 - Menselijk Lichaam

耳	朵	拳	远	肘	趣	拳	踝	针	纫	法	潜	棒	足
影	读	园	园	部	图	棒	法	游	篮	钓	纫	暇	头
松	读	击	潜	营	潜	陶	松	舞	魔	嘴	下	瓷	艺
暇	画	术	钓	露	舞	法	画	阅	腿	舞	巴	读	暇
脖	子	工	品	读	工	益	织	摄	戏	活	织	画	篮
潜	织	放	法	手	棒	工	膝	脑	工	瓷	乐	品	技
瓷	颚	活	园	指	心	盖	鼻	读	图	鱼	缝	绘	
活	织	能	棒	鱼	拳	足	放	球	子	皮	肤	纫	艺
动	活	拳	钓	画	织	活	拼	摄	陶	影	术	击	远
影	瓷	瓷	钓	能	摄	血	放	拼	动	球	魔	乐	能
游	拳	松	猎	跳	纫	活	纫	舌	瓷	营	营	趣	胃
游	图	画	舞	织	利	摄	术	头	绘	趣	技	钓	魔
营	舞	猎	足	击	露	肩	膀	读	篮	影	读	读	纫
图	利	营	拳	法	魔	露	动	摄	摄	球	跳	织	画

肘部	鼻子
皮肤	耳朵
下巴	肩膀
膝盖	舌头
脖子	手指

51 - Familie

营	品	益	营	潜	趣	游	孩	放	读	魔	技	读	跳
乐	魔	艺	乐	姐	姐	侄	子	潜	摄	球	球	品	篮
远	妻	孙	子	女	儿	击	瓷	双	园	利	女	游	织
摄	子	术	术	露	益	击	技	胞	侄	女	潜	潜	缝
丈	纫	魔	母	利	益	跳	营	胎	纫	舞	园	园	父
艺	夫	放	亲	跳	摄	针	瓷	乐	动	绘	击	击	亲
足	针	露	鱼	能	画	球	钓	拼	品	摄	工	工	陶
趣	法	读	潜	松	远	画	陶	园	技	祖	先	先	拼
童	戏	艺	跳	兄	动	暇	跳	缝	纫	父	母	母	织
年	营	足	足	弟	陶	魔	远	针	幼	品	营	营	暇
鱼	阅	猎	乐	摄	术	读	游	趣	击	祖	读	读	利
跳	动	益	棒	鱼	父	的	魔	暇	艺	影	摄	品	猎
利	球	法	放	术	远	工	远	阿	影	影	幼	球	暇
阅	图	法	篮	篮	园	拼	叔	姨	阿	利	技	营	能

兄弟
女儿
祖母
童年
孩子
孙子
丈夫
母亲
侄子
侄女

叔叔
祖父
阿姨
双胞胎
父亲
父亲的
祖先
妻子
姐姐

52 - Gebouwen

拳	法	艺	球	博	游	陶	舞	猎	棒	天	活	品	缝
猎	拼	击	魔	物	舞	城	舞	益	文	瓷	狩	技
阅	帐	法	拼	馆	农	堡	影	读	术	台	趣	法	阅
乐	篷	超	级	市	场	暇	动	鱼	阅	舞	缝	缝	趣
图	工	足	钓	工	拼	影	舞	阅	露	篮	大	篮	读
动	绘	画	阅	厂	益	舱	学	猎	影	使	织	暇
医	院	魔	钓	织	针	公	艺	球	乐	实	馆	剧	院
读	缝	活	织	利	缝	利	寓	钓	体	织	验	织	术
大	学	露	猎	活	纫	读	影	潜	育	摄	篮	室	针
法	游	技	跳	园	艺	品	棒	术	场	缝	魔	图	画
潜	鱼	篮	针	塔	园	钓	艺	足	鱼	拳	谷	仓	魔
绘	营	织	阅	魔	术	织	画	酒	潜	跳	跳	法	跳
戏	瓷	乐	钓	足	摄	图	足	店	纫	活	电	绘
纫	品	拼	狩	缝	瓷	戏	园	园	乐	鱼	拼	影	织

大使馆　　　　天文台
公寓　　　　　学校
电影　　　　　谷仓
农场　　　　　体育场
工厂　　　　　超级市场
酒店　　　　　帐篷
城堡　　　　　剧院
实验室　　　　大学
博物馆　　　　医院

53 - Kunst

拼 远 戏 动 暇 松 陶 纫 乐 足 织 象 瓷 雕
品 球 心 织 针 拼 钓 瓷 诗 乐 园 征 鱼 塑
跳 活 情 乐 画 跳 足 篮 鱼 歌 暇 棒 潜 远
瓷 放 法 画 活 拼 读 瓷 摄 远 影 游 织 能
摄 画 鱼 足 读 术 跳 影 足 拼 图 读 技 艺
能 画 艺 针 暇 缝 露 品 拳 棒 趣 画 球 舞
趣 能 猎 狩 瓷 足 放 狩 潜 数 工 品 瓷 艺
魔 利 能 术 戏 技 摄 游 动 字 品 品 超 缝
图 缝 利 影 足 阅 组 艺 击 潜 表 击 现 暇
简 单 戏 远 乐 暇 成 猎 暇 画 达 诚 实 动
戏 狩 乐 绘 松 陶 活 狩 读 园 拳 复 主 乐
拼 钓 画 利 绘 远 视 觉 的 放 启 杂 义 题
趣 益 动 艺 艺 绘 球 画 法 趣 发 个 人 的
足 跳 松 针 艺 术 益 露 鱼 原 版 趣 法 远

雕塑　　　　　原版
复杂　　　　　个人的
简单　　　　　诗歌
诚实　　　　　组成
数字　　　　　超现实主义
启发　　　　　象征
心情　　　　　表达
陶瓷　　　　　视觉的
主题

54 - Beroepen #1

技	露	拳	棒	远	运	动	工	织	绘	动	纫	心	鱼
图	图	趣	益	游	动	露	益	纫	拳	戏	摄	理	篮
摄	利	钓	猎	狩	员	潜	绘	绘	狩	天	文	学	家
乐	绘	画	大	技	棒	品	画	针	钓	拼	家	图
钓	棒	术	使	法	园	露	乐	摄	击	艺	舞	蹈	家
法	针	活	园	球	药	剂	师	纫	放	陶	画	织	游
棒	露	艺	陶	制	影	狩	棒	术	活	魔	营	球	钓
足	法	足	编	图	能	露	拳	球	医	生	拳	利	暇
活	瓷	纫	辑	师	摄	鱼	松	营	足	音	拼	舞	钢
利	律	师	水	管	工	足	能	读	针	阅	乐	图	琴
地	放	护	读	击	兽	乐	织	绘	珠	缝	击	家	家
猎	质	科	士	针	医	棒	动	乐	宝	绘	远	织	绘
工	击	学	缝	松	趣	陶	篮	品	商	利	阅	纫	潜
银	行	家	家	图	乐	猎	人	利	足	鱼	品	钓	针

律师	编辑
大使	地质学家
药剂师	猎人
天文学家	珠宝商
运动员	水管工
银行家	音乐家
制图师	钢琴家
舞蹈家	心理学家
兽医	护士
医生	科学家

55 - Kastelen

狩	法	魔	法	趣	工	高	猎	戏	纫	绘	摄	影	技
动	艺	塔	放	绘	放	贵	拳	利	利	篮	拳	艺	织
篮	拳	封	建	龙	舞	能	摄	游	松	工	益	篮	放
技	动	影	鱼	图	织	舞	利	陶	园	独	益	图	拼
王	朝	狩	品	利	针	狩	趣	益	摄	角	狩	营	阅
子	跳	品	益	王	钓	游	技	暇	利	兽	公	瓷	利
篮	魔	工	阅	国	骑	盾	读	拳	宫	阅	主	绘	露
艺	暇	鱼	绘	地	士	暇	利	能	远	放	松	暇	艺
针	击	球	营	牢	魔	动	潜	工	游	技	动	摄	鱼
针	趣	帝	国	墙	戏	放	乐	图	阅	动	园	球	钓
弹	射	器	冠	篮	剑	影	拳	技	利	暇	盔	读	乐
影	鱼	织	绘	钓	趣	舞	球	读	益	缝	远	甲	针
拼	园	露	放	画	摄	工	陶	松	工	艺	营	图	工
棒	营	艺	读	松	陶	利	击	活	马	击	瓷	营	瓷

王朝　　　　　　地牢
高贵　　　　　　王国
独角兽　　　　　王子
封建　　　　　　公主
盔甲　　　　　　骑士
弹射器　　　　　帝国

56 - Insecten

松	针	品	戏	读	球	拳	瓷	拼	品	园	艺	鱼	蛾
营	技	活	趣	缝	球	蚊	子	工	篮	阅	工	蝴	戏
篮	魔	松	幼	法	钓	营	利	放	跳	螳	艺	黄	蝶
放	戏	球	幼	活	钓	篮	摄	阅	蟑	螂	大	黄	蜂
戏	足	术	魔	活	图	画	品	甲	虫	阅	拳	活	露
园	术	狩	舞	蜜	艺	艺	画	益	陶	球	猎	营	球
营	读	读	击	蜂	蜻	球	棒	活	工	利	活	画	趣
游	缝	能	拼	蠕	蜓	球	图	白	幼	品	瓷	益	利
绘	摄	术	幼	虫	陶	足	艺	蚂	蚁	蝉	乐	猎	拳
缝	摄	篮	击	技	蚜	跳	幼	露	潜	球	棒	术	缝
画	术	足	读	松	跳	舞	摄	棒	缝	趣	园	跳	狩
露	幼	拼	击	跳	缝	乐	乐	能	拼	能	棒	技	阅
棒	蚱	放	品	蚤	跳	绘	绘	松	动	潜	读	乐	狩
益	蜢	品	足	球	幼	戏	趣	趣	幼	放	鱼	远	拳

螳螂
蜜蜂
大黄蜂
蟑螂
甲虫
幼虫
蜻蜓
蚂蚁

蚊子
蚱蜢
白蚁
蝴蝶
跳蚤
黄蜂
蠕虫

57 - Antarctica

魔	棒	织	画	营	营	品	工	钓	冰	动	针	松	跳
矿	拳	图	纫	地	科	缝	击	环	川	技	绘	潜	潜
物	纫	半	球	理	学	活	陶	境	狩	击	活	技	冰
棒	暇	岛	绘	影	的	猎	舞	戏	松	猎	瓷	读
影	洛	奇	技	湾	球	远	远	艺	艺	形	猎	云
暇	保	护	读	猎	瓷	松	征	戏	法	营	绘	绘	潜
阅	跳	瓷	猎	工	击	钓	画	画	岛	法	动	跳
针	益	鱼	移	民	猎	水	潜	大	屿	潜	图	研
拳	舞	摄	法	瓷	魔	猎	松	远	能	工	读	舞	究
缝	拼	球	影	舞	阅	拳	陶	画	画	球	拳	图	员
跳	拼	远	动	艺	陶	绘	能	露	暇	影	摄	戏	乐
画	企	针	鱼	阅	足	纫	温	纫	利	松	法	趣	品
游	鹅	露	影	狩	乐	拼	画	度	利	远	读	针	戏
阅	露	品	狩	放	品	园	动	篮	营	狩	趣	远	能

保护   环境
大陆   研究员
岛屿   企鹅
远征   洛奇
地理   半岛
冰川   温度
移民   地形
矿物   科学的

58 - Ballet

鱼	作	露	画	暇	趣	利	放	松	猎	艺	画	击	放
篮	曲	放	园	陶	戏	钓	棒	能	掌	球	法	露	利
富	家	远	手	影	营	球	松	管	声	狩	读	织	游
风	有	园	势	法	趣	技	拼	弦	艺	活	音	乐	肌
园	格	表	游	拳	绘	缝	舞	乐	远	魔	击	艺	肉
缝	摄	放	现	能	猎	远	魔	队	魔	魔	营	术	远
缝	拼	术	乐	力	松	能	魔	织	实	影	钓	的	拼
鱼	影	观	众	强	度	陶	术	法	践	摄	魔	影	瓷
戏	节	画	篮	击	松	编	击	乐	趣	潜	动	工	放
独	奏	足	足	足	针	趣	舞	品	阅	戏	放	阅	戏
园	法	潜	拼	击	能	图	者	球	活	针	舞	技	术
魔	瓷	篮	趣	活	术	棒	画	乐	舞	绘	暇	能	游
读	法	陶	潜	益	缝	远	狩	画	游	乐	益	缝	戏
趣	露	戏	瓷	瓷	园	艺	技	钓	魔	活	品	技	利

掌声   管弦乐队

艺术的   实践

编舞   观众

作曲家   节奏

舞者   独奏

富有表现力   肌肉

手势   风格

强度   技术

音乐   技能

59 - Vissen

戏	画	缝	织	绘	鳍	工	工	水	摄	织	放	读	松
画	工	品	暇	技	活	术	纫	摄	魔	潜	足	趣	陶
趣	魔	读	舞	摄	品	缝	图	营	缝	技	河	缝	球
舞	影	图	图	活	跳	露	品	耐	心	船	艺	拳	工
针	营	松	舞	篮	松	摄	益	技	织	暇	影	术	鳃
游	艺	画	击	棒	露	狩	趣	重	量	动	陶	趣	舞
海	洋	设	诱	饵	季	球	技	击	品	影	球	海	滩
暇	画	备	影	放	节	法	利	画	松	园	舞	利	拳
针	夸	阅	潜	技	益	能	影	营	戏	陶	画	织	利
击	张	瓷	活	动	篮	乐	鱼	钓	湖	绘	篮	潜
动	游	魔	乐	艺	利	工	放	品	鱼	营	趣	拳	子
舞	营	利	瓷	绘	法	乐	颚	利	活	工	足	绘	园
画	读	狩	摄	艺	读	球	阅	画	球	钓	针	趣
品	远	猎	舞	远	远	艺	缝	拳	法	魔	图	图	篮

诱饵
设备
耐心
重量
篮子

海洋
夸张
季节
海滩

60 - Fruit

魔	读	影	能	覆	缝	活	鱼	拳	品	击	拳	动	篮
球	动	趣	读	盆	戏	鱼	游	木	瓜	棒	棒	绘	舞
纫	动	影	椰	子	利	瓷	艺	品	读	柠	击	露	技
趣	戏	梨	图	乐	篮	球	能	艺	品	读	檬	乐	品
读	图	动	瓷	戏	露	跳	樱	桃	摄	影	跳	猎	动
松	猎	能	能	活	纫	钓	露	棒	营	猎	狩	露	拼
远	狩	露	葡	萄	李	子	放	猎	暇	跳	能	瓜	棒
阅	营	露	术	拼	缝	织	鳄	梨	舞	织	棒	趣	能
法	露	潜	工	足	暇	画	戏	拼	园	趣	营	乐	读
纫	杏	法	术	猕	纫	菠	球	能	篮	魔	工	缝	拳
篮	绘	鱼	利	猴	能	萝	球	暇	利	纫	缝	园	露
影	香	动	油	桃	橙	色	潜	影	画	舞	利	利	潜
鱼	篮	蕉	潜	篮	苹	浆	足	拼	潜	缝	篮	活	篮
舞	品	利	拳	远	芒	果	术	技	利	艺	趣	纫	拳

菠萝
苹果
鳄梨
香蕉
浆果
柠檬
葡萄
覆盆子

樱桃
猕猴桃
椰子
芒果
油桃
橙色
木瓜
李子

61 - Literatuur

对	话	品	艺	球	针	戏	类	传	记	松	园	分	绘
能	描	魔	鱼	潜	织	活	比	乐	拳	摄	戏	析	暇
摄	述	乐	舞	术	足	品	风	棒	品	击	活	球	鱼
小	跳	意	松	猎	营	隐	格	远	拳	戏	舞	狩	跳
狩	说	见	棒	图	狩	喻	织	利	利	技	趣	绘	击
艺	动	绘	击	游	画	戏	猎	摄	远	绘	鱼	拳	营
舞	营	篮	戏	潜	戏	陶	工	利	结	论	游	园	跳
击	阅	暇	放	艺	节	足	足	游	悲	剧	动	放	技
瓷	露	猎	活	纫	奏	诗	松	能	旁	技	篮	益	戏
鱼	远	暇	法	轶	事	意	趣	鱼	白	棒	乐	戏	戏
趣	陶	摄	韵	摄	球	能	品	跳	诗	比	较	作	者
摄	潜	露	织	主	题	钓	技	钓	影	戏	游	足	绘
益	猎	松	拼	针	艺	游	乐	图	瓷	狩	活	工	绘
织	击	缝	利	棒	篮	图	乐	足	针	鱼	缝	陶	趣

类比
分析
轶事
作者
传记
结论
对话
小说
意见

隐喻
描述
诗意
节奏
风格
主题
悲剧
比较
旁白

足	术	织	戏	软	游	摄	统	营	瓷	字	安	品	鱼
阅	浏	览	器	件	纫	潜	计	魔	营	节	戏	全	品
针	潜	活	潜	拳	能	游	数	数	益	园	篮	活	益
放	狩	法	露	钓	远	营	据	字	体	陶	舞	园	鱼
猎	术	戏	动	松	瓷	图	阅	园	猎	舞	影	营	绘
戏	利	活	跳	能	博	客	击	趣	营	拼	利	术	互
品	放	松	品	潜	跳	击	艺	放	影	瓷	电	拼	联
虚	拟	病	纫	魔	远	影	钓	阅	动	绘	放	脑	网
针	魔	毒	拳	篮	营	数	棒	狩	足	摄	远	跳	术
艺	影	足	篮	法	照	园	据	文	件	跳	鱼	织	远
篮	品	放	研	究	相	舞	图	法	足	益	足	趣	术
工	读	鱼	纫	鱼	机	篮	戏	摄	缝	艺	戏	光	屏
篮	信	纫	拼	棒	击	图	阅	利	能	园	戏	标	幕
瓷	息	画	缝	品	能	舞	技	潜	品	击	绘	潜	动

信息
文件
博客
浏览器
字节
照相机
电脑
光标
数字
数据

互联网
字体
研究
屏幕
软件
统计数据
安全
虚拟
病毒

63 - Boeken

文 学 营 影 陶 棒 拳 园 画 舞 钓 阅 猎 游
针 暇 魔 钓 暇 陶 游 球 猎 暇 相 关 的 上
幽 默 魔 利 潜 二 绘 益 乐 利 棒 暇 露 下
足 收 拼 篮 放 元 拼 摄 阅 影 魔 绘 文
篮 藏 拼 松 舞 性 织 棒 艺 画 术 织 趣
摄 瓷 图 旁 历 利 术 篮 阅 针 页 钓 远
篮 松 悲 白 绘 史 画 球 缝 足 明 图 戏
术 篮 摄 剧 读 的 舞 狩 发 跳 动 远 品
棒 动 足 乐 击 图 远 拳 放 游 图 拼 能
针 故 事 篮 工 园 阅 拼 读 舞 远 品 法
拳 拼 诗 营 冒 险 陶 跳 书 松 魔 品 小
读 者 跳 歌 艺 史 者 球 面 品 工 摄 说
舞 露 潜 影 工 阅 诗 读 的 舞 影 图 猎
拳 潜 阅 游 拼 瓷 棒 狩 棒 动 舞 动 暇

作者　　　　　　　　发明
冒险　　　　　　　　读者
收藏　　　　　　　　文学
上下文　　　　　　　诗歌
二元性　　　　　　　相关的
史诗　　　　　　　　小说
书面的　　　　　　　悲剧
历史的　　　　　　　故事
幽默　　　　　　　　旁白

松	影	棒	法	潜	暇	缝	针	术	技	陶	未	缝	极
松	篮	跳	利	影	技	露	阅	趣	甲	术	来	行	端
神	纫	乌	托	邦	活	篮	动	棒	骨	术	派	星	系
潜	秘	球	游	乐	陶	纫	鱼	钓	文	原	击	陶	阅
能	针	瓷	益	篮	能	击	摄	利	猎	子	动	书	戏
篮	猎	击	松	电	球	纫	棒	摄	场	拳	摄	篮	籍
织	拳	绘	针	影	图	拳	拼	拳	景	针	魔	瓷	跳
鱼	绘	反	乌	托	邦	火	益	棒	艺	击	针	织	织
拳	乐	远	鱼	瓷	露	足	益	陶	魔	松	机	鱼	法
趣	织	狩	利	游	乐	世	界	读	益	画	松	器	技
克	隆	跳	阅	舞	虚	织	球	读	影	魔	瓷	针	人
魔	远	钓	跳	摄	构	爆	球	远	技	法	狩	活	足
篮	读	球	拳	法	的	炸	读	图	术	纫	放	露	猎
术	暇	营	利	技	错	觉	术	魔	足	棒	鱼	艺	陶

原子   神秘
电影   甲骨文
书籍   行星
虚构的 机器人
反乌托邦 场景
爆炸   星系
极端   技术
未来派 乌托邦
错觉   世界
克隆

65 - Regenwoud

露	有	狩	昆	保	存	绘	猎	拼	云	陶	击	暇	技
营	价	拼	虫	阅	瓷	物	种	陶	远	织	放	能	尊
潜	值	针	篮	阅	足	活	陶	露	乐	活	术	暇	重
纫	的	图	摄	篮	影	猎	远	篮	露	趣	阅	画	拼
瓷	品	击	魔	拳	乐	乐	苔	远	篮	法	织	游	足
动	法	园	乐	织	击	影	藓	远	鱼	击	工	社	品
暇	鸟	篮	恢	工	纫	纫	足	放	足	动	钓	区	能
瓷	类	绘	复	图	狩	钓	足	气	大	自	然	术	品
工	趣	鱼	狩	狩	钓	艺	跳	放	候	拳	远	能	跳
能	远	针	图	魔	魔	益	跳	阅	篮	远	多	样	性
缝	图	跳	营	缝	摄	工	狩	哺	跳	猎	缝	活	魔
钓	画	远	跳	狩	艺	两	栖	乳	猎	图	猎	趣	鱼
舞	钓	图	读	乐	读	活	利	动	植	读	篮	生	画
避	难	所	瓷	益	足	潜	艺	物	物	丛	林	存	画

两栖动物   大自然
保存   生存
植物   尊重
多样性   恢复
社区   物种
昆虫   避难所
丛林   鸟类
气候   有价值的
苔藓   哺乳动物

钓 拳 艺 远 猎 工 品 厚 潜 能 瓷 趣 缝 陶
金 足 卷 利 能 艺 击 放 松 活 法 绘 松 球
发 魔 曲 绘 拳 暇 摄 画 棒 拳 摄 棒 棕 利
干 织 狩 法 法 潜 瓷 鱼 暇 拳 活 黑 色 法
趣 益 织 缝 纫 活 能 击 秃 灰 图 猎 狩 益
术 画 舞 魔 卷 发 游 法 放 色 技 魔 编 织
活 猎 缝 针 头 舞 缝 棒 戏 营 技 棒 织 潜
棒 魔 活 纫 皮 放 棒 陶 影 跳 光 动 陶 篮
趣 拳 松 影 潜 拳 跳 品 动 跳 滑 益 陶 潜
狩 缝 长 营 陶 短 猎 园 绘 法 棒 图 阅 暇
柔 软 的 闪 亮 的 针 缝 术 放 棒 游 击 戏
白 色 能 缝 游 动 游 园 健 康 工 乐 阅 拳
阅 薄 陶 篮 纫 狩 陶 动 法 缝 阅 绘 利 松
游 营 工 法 品 银 远 益 工 球 织 缝 工 摄

金发　　　　头皮
棕色　　　　卷发
编织　　　　卷曲
健康　　　　白色
光滑　　　　柔软的
闪亮的　　　黑色
灰色

读 超 级 市 场 药 针 潜 陶 机 钓 摄 利 能
艺 棒 体 育 场 店 拼 技 利 场 绘 术 艺 影
动 动 博 诊 绘 拼 利 图 酒 剧 动 陶 游 能
跳 魔 物 所 图 绘 跳 书 店 院 活 摄 缝 拳
趣 技 馆 园 暇 游 潜 馆 暇 能 猎 技 画
狩 商 狩 画 乐 针 织 织 法 读 乐 图 足 阅
鱼 店 动 陶 阅 戏 击 大 术 陶 动 针 球 动
趣 足 动 露 潜 画 趣 学 鱼 阅 织 技 篮 营
瓷 读 绘 露 营 远 画 校 织 缝 动 击 利
击 画 益 击 暇 足 廊 球 拼 摄 缝 工 益
暇 读 营 露 瓷 活 松 影 花 跳 艺 趣 跳 鱼
远 动 击 工 拳 画 面 店 术 远 露 乐 动
活 钓 戏 舞 工 篮 鱼 园 瓷 画 远 游
球 足 松 鱼 缝 游 园 狩 银 行 跳 乐 针 狩

药店	诊所
面包店	机场
银行	市场
图书馆	博物馆
电影	学校
花店	体育场
书店	超级市场
动物园	剧院
画廊	大学
酒店	商店

68 - Natuur

篮	鱼	远	趣	跳	钓	球	戏	狩	暇	树	击	品	暇
放	棒	球	乐	篮	美	能	织	趣	能	拳	叶	拼	猎
钓	悬	崖	法	拳	魔	品	远	利	法	纫	图	远	乐
图	宁	能	跳	露	钓	狩	击	重	的	工	潜	鱼	活
读	拼	静	棒	陶	戏	潜	狩	要	园	趣	鱼	雾	游
拳	图	拳	动	物	松	舞	艺	绘	趣	营	画	游	戏
篮	陶	趣	态	益	荒	益	织	绘	拼	钓	纫	戏	针
热	乐	营	森	林	野	露	击	法	利	活	潜	针	影
带	球	魔	陶	针	品	避	艺	游	影	拼	陶	影	拼
艺	舞	足	拳	工	影	难	远	远	能	读	棒	拼	针
艺	工	瓷	瓷	魔	利	所	沙	蜜	庇	护	所	针	艺
绘	戏	暇	跳	艺	远	击	漠	蜂	营	云	棒	艺	影
跳	活	篮	技	陶	舞	园	艺	拳	侵	蚀	术	球	舞
跳	冰	川	影	利	园	动	北	极	读	织	技	球	舞

北极
蜜蜂
森林
动物
动态
侵蚀
树叶
冰川

避难所
悬崖
庇护所
宁静
热带
重要的
荒野
沙漠

69 - Dinosaurussen

尾	鱼	品	艺	消	拳	松	球	图	缝	动	进	动	物
击	巴	化	石	失	狩	营	织	品	品	击	益	化	种
法	露	术	击	乐	球	法	图	术	猎	利	潜	击	远
拼	暇	营	技	缝	陶	能	图	瓷	物	艺	游	鱼	猎
绘	巨	猎	尺	棒	地	球	画	球	织	读	动	跳	针
织	大	游	寸	法	鱼	利	营	露	戏	缝	食	营	营
翅	膀	阅	大	园	术	活	趣	狩	营	工	行	草	放
益	棒	摄	读	鱼	狩	工	纫	戏	魔	杂	食	动	物
魔	鱼	戏	织	露	摄	绘	游	能	针	影	肉	物	物
营	术	织	跳	拼	史	前	鱼	术	篮	动	法	松	猎
影	戏	松	绘	术	法	戏	法	游	放	物	松	艺	游
纫	益	技	猛	犸	象	技	利	游	瓷	钓	拼	工	狩
活	工	绘	画	强	工	影	猛	禽	篮	狩	潜	工	乐
活	阅	暇	读	大	恶	毒	动	击	击	品	足	远	瓷

地球	史前
食肉动物	猎物
巨大	爬行动物
进化	猛禽
化石	物种
尺寸	尾巴
食草动物	消失
强大	恶毒
猛犸象	翅膀
杂食动物	

70 - Zoogdieren

术	袋	长	图	趣	针	马	球	读	利	法	鱼	潜	益
跳	鼠	驴	颈	工	拼	能	击	鱼	纫	击	大	象	远
棒	狩	法	放	鹿	舞	舞	戏	瓷	猎	拳	猩	针	影
绘	钓	戏	球	狐	狸	技	公	戏	舞	趣	猩	活	跳
潜	针	拼	足	狩	能	暇	牛	拼	兔	技	球	画	松
绘	猫	暇	艺	棒	鱼	阅	益	子	工	戏	法	技	
乐	棒	狩	鲸	篮	艺	击	摄	园	园	阅	猎	营	营
术	技	针	影	读	工	法	山	羊	骆	露	缝	拼	缝
松	篮	动	魔	钓	阅	露	球	驼	海	豚	能	读	
暇	织	绘	魔	术	远	鱼	针	能	瓷	狸	营	纫	猎
术	郊	狼	击	阅	利	艺	猴	子	活	松	技	舞	摄
品	钓	篮	营	陶	影	趣	拼	品	钓	艺	狗	足	击
露	钓	游	舞	缝	足	技	拼	图	瓷	趣	乐	狮	鱼
潜	趣	画	球	营	棒	游	棒	猎	戏	篮	鱼	子	品

猴子	骆驼
海狸	袋鼠
郊狼	兔子
海豚	狮子
山羊	大象
长颈鹿	公牛
大猩猩	狐狸

71 - 1 Jaar Geleden

狩	足	乐	品	有	放	摄	明	益	跳	谦	游	好	放
足	足	迷	击	趣	跳	足	智	潜	远	虚	益	画	球
法	病	人	有	帮	助	游	的	绘	松	园	画	鱼	织
慷	戏	活	暇	露	艺	术	的	棒	远	钓	品	工	暇
画	慨	拼	篮	露	猎	球	游	益	利	魔	营	暇	法
针	拳	活	缝	瓷	纫	能	能	跳	足	拳	棒	游	游
戏	织	趣	击	跳	术	技	能	棒	潜	暇	棒	乐	魔
棒	品	读	利	纫	暇	露	陶	术	法	瓷	足	游	乐
猎	远	潜	艺	瓷	趣	击	击	放	术	影	图	摄	
充	满	激	情	营	动	园	钓	跳	足	可	击	动	影
实	法	陶	松	舞	跳	摄	工	独	立	靠	术	技	摄
舞	际	好	决	定	性	的	织	画	潜	足	松	潜	法
篮	利	的	奇	舞	绘	舞	纫	针	动	干	净	技	钓
棒	品	篮	拼	狩	阅	针	营	足	益	缝	狩	乐	拼

艺术的
有帮助
谦虚
决定性的
可靠
迷人
充满激情
有趣

慷慨
好奇
独立
病人
实际的
干净
明智的

72 - Exploratie

空	间	读	艺	地	勇	文	纫	陶	陶	狩	针	精	舞
趣	影	暇	动	物	形	气	化	动	缝	发	现	疲	篮
游	拳	营	魔	读	猎	远	篮	活	图	暇	活	力	魔
动	摄	舞	暇	影	狩	乐	击	动	语	言	球	竭	跳
游	益	影	未	知	篮	露	术	足	放	图	暇	足	松
钓	织	活	园	鱼	鱼	旅	动	缝	针	园	陶	画	远
术	潜	艺	活	工	利	行	纫	动	陶	拼	乐	球	纫
足	织	画	新	篮	纫	魔	危	决	心	品	游	狩	放
暇	危	害	的	荒	野	园	险	瓷	狩	拳	瓷	读	拳
远	动	摄	品	术	舞	放	的	画	陶	法	读	工	缝
猎	猎	针	球	绘	钓	法	魔	摄	猎	营	魔	鱼	拼
图	活	动	术	球	足	读	戏	术	舞	品	摄	狩	跳
钓	利	趣	法	钓	拳	陶	球	趣	织	猎	术	舞	益
放	乐	法	拼	乐	法	营	绘	营	拼	纫	缝	营	陶

活动	未知
决心	发现
文化	旅行
动物	空间
危险的	语言
危害	地形
勇气	精疲力竭
新的	荒野

73 - Voertuigen

纫 戏 击 魔 针 戏 品 飞 机 摄 园 游 瓷 暇
工 拼 缝 潜 能 缝 营 拳 远 放 钓 钓 阅 摄
能 读 松 艇 球 摄 读 术 拼 远 篮 能 放 针
狩 品 益 能 篮 拳 营 织 能 钓 缝 营 工 织
瓷 瓷 露 摄 营 鱼 篮 拖 摄 画 猎 卡 拼 读
绘 钓 技 纫 读 拳 陶 远 拉 船 火 车 图 缝
球 棒 戏 戏 乐 瓷 活 直 升 机 暇 箭 潜 能
针 游 松 渡 绘 游 远 缝 魔 魔 缝 摄 地 铁
动 跳 舞 轮 利 能 趣 露 暇 能 潜 出 租 车
缝 松 园 舞 艺 园 松 影 技 摄 营 利 纫 游
游 总 织 戏 法 猎 品 画 技 球 跳 术 阅 营
筏 线 马 棒 缝 针 拳 活 艺 能 大 拼 暇 自
轮 胎 达 滑 板 车 针 瓷 动 活 篷 汽 行 行
棒 拼 舞 魔 乐 狩 篮 工 狩 狩 救 护 车 车

救护车
汽车
轮胎
总线
大篷车
自行车
直升机
地铁
马达

潜艇
火箭
滑板车
出租车
拖拉机
火车
渡轮
飞机
卡车

74 - Geografie

瓷 舞 艺 国 纬 高 摄 瓷 读 画 能 织 动 织
游 拳 园 画 家 海 拳 园 动 摄 瓷 鱼 营 工
舞 利 舞 大 陆 露 洋 猎 狩 摄 利 放 工 乐
陶 戏 活 陶 游 阅 暇 乐 工 鱼 游 阅 乐 露
图 篮 术 跳 利 益 远 北 营 露 乐 猎 术 露
足 跳 足 棒 乐 阅 艺 西 能 活 放 术 乐 猎
南 远 瓷 织 工 纫 拳 缝 暇 益 画 针 乐 针
城 潜 园 纫 动 鱼 潜 足 趣 图 山 陶 针 远
市 松 狩 趣 球 画 松 图 活 工 地 利 利 远
能 篮 钓 营 拳 棒 影 拼 放 艺 区 乐 园 世
技 放 画 魔 岛 品 拼 击 动 暇 乐 针 地 界
术 篮 拼 活 营 影 鱼 河 狩 读 子 半 图 术
拳 陶 动 篮 猎 击 动 图 击 狩 午 球 集 技
活 赤 道 魔 钓 篮 缝 暇 潜 益 线 益 狩 技

地图集
纬度
大陆
赤道
半球
高度
地图

国家
子午线
海洋
地区
城市
世界

75 - Kunstbenodigdheden

木	丙	针	油	颜	远	品	法	织	影	法	读	露	乐
炭	品	烯	漆	色	戏	舞	放	陶	利	图	暇	能	游
击	画	跳	酸	乐	营	品	工	胶	利	击	黏	舞	陶
露	读	图	舞	纤	创	造	力	水	术	图	土	钓	技
篮	猎	猎	放	工	维	动	缝	能	放	拳	桌	法	乐
墨	水	足	摄	松	读	术	工	法	针	园	子	油	暇
瓷	放	技	法	瓷	绘	法	绘	舞	读	织	趣	球	棒
画	纫	营	影	戏	远	猎	针	针	摄	放	针	击	拳
粉	远	放	艺	缝	法	针	游	乐	篮	摄	篮	鱼	远
水	彩	舞	读	纫	品	图	图	棒	品	营	营	篮	品
潜	陶	趣	园	钓	缝	趣	摄	画	钓	织	刷	摄	拼
工	针	影	篮	棒	暇	图	露	潜	纸	跳	子	阅	照
乐	椅	益	露	画	松	营	橡	皮	缝	鱼	铅	图	相
钓	乐	子	绘	架	足	影	园	图	缝	游	笔	趣	机

丙烯酸纤维　　　　黏土
水彩　　　　　　　颜色
刷子　　　　　　　胶水
照相机　　　　　　粉彩
创造力　　　　　　铅笔
画架　　　　　　　椅子
橡皮　　　　　　　桌子
木炭　　　　　　　油漆
墨水

76 - Barbecues

露足影午趣舞纫画能能艺纫松纫
晚鸡魔餐叉拳击音洋葱摄戏法能
狩餐图饥饿蔬菜棒乐放篮篮纫瓷刀
能魔阅跳阅魔利家能读动活露猎
法戏画织钓益能庭影盐魔益露潜
跳益动狩织术水烧烤阅戏活远营
远益影露戏果鱼瓷能鱼魔远酱
热瓷利法暇陶摄利针远活游画
织露舞潜活放活露戏鱼动影猎纫
法游远跳工拼瓷拳鱼营足舞跳能
棒摄食物术瓷摄松绌露动沙工鱼
魔魔游缝术猎球瓷法拼远拉陶画
番茄夏天跳足品魔缝艺乐缝胡椒
舞品阅狩球动影放织钓跳足椒乐

晚餐　　　音乐
家庭　　　胡椒
水果　　　沙拉
烧烤　　　番茄
蔬菜　　　洋葱
饥饿　　　食物
午餐　　　夏天

77 - Wetenschappelijke Discip

摄 读 图 拳 艺 园 暇 游 舞 工 戏 放 影 动
陶 工 针 园 营 画 影 缝 趣 暇 品 营 纫 园
球 狩 图 品 织 跳 瓷 棒 远 游 绘 法 拼 足
热 阅 营 考 远 足 狩 图 缝 游 戏 技 潜 工
力 画 纫 古 陶 跳 缝 陶 魔 品 足 技 益 工
学 解 剖 学 游 利 球 舞 纫 跳 生 松 法 棒
游 力 营 画 品 纫 机 图 工 法 理 天 趣 心
营 学 能 跳 足 乐 园 器 生 物 学 矿 文 理
纫 工 织 地 织 活 神 人 暇 生 物 化 学
营 潜 术 质 趣 舞 物 经 营 拳 态 学 学 松
养 气 象 学 画 社 会 学 针 瓷 学 营 针 钓
园 读 魔 动 潜 猎 猎 趣 阅 松 画 拳 篮 免
缝 影 利 图 阅 戏 魔 利 戏 舞 篮 拳 读 疫
读 足 拳 跳 击 缝 读 工 远 摄 戏 陶 暇 学

解剖学　　　　　力学
考古学　　　　　气象学
天文学　　　　　矿物学
生物化学　　　　神经学
生物学　　　　　植物学
化学　　　　　　心理学
生态学　　　　　机器人
生理学　　　　　社会学
地质学　　　　　热力学
免疫学　　　　　营养

78 - Bijvoeglijke Naamwoorden

狩	创	法	法	露	营	自	然	负	责	摄	能	棒	球
法	意	摄	织	游	缝	活	读	乐	球	松	有	趣	露
法	跳	乐	球	织	画	跳	摄	拼	跳	益	利	荒	野
猎	拳	咸	暇	乐	摄	饿	篮	营	艺	活	戏	读	摄
园	鱼	松	正	针	针	远	能	能	针	放	图	品	球
乐	画	魔	猎	常	游	钓	读	瓷	跳	陶	远	戏	狩
艺	阅	技	乐	动	钓	天	针	露	影	舞	缝	读	工
足	足	画	击	乐	游	才	生	园	读	戏	击	足	画
放	放	新	的	营	潜	织	瓷	产	品	剧	针	艺	困
陶	品	工	动	幼	阅	骄	针	阅	力	性	能	活	描
足	阅	拼	工	棒	猎	傲	绘	强	钓	针	营	累	述
潜	趣	跳	纯	狩	鱼	术	戏	品	织	画	健	康	性
暇	露	足	画	正	动	品	舞	绘	艺	纫	影	的
术	拳	活	术	宗	陶	影	跳	影	篮	棒	读	猎	品

正宗	自然
天才	新的
描述性的	正常
创意	生产力
戏剧性	骄傲
健康	负责
有趣	荒野

79 - Kleding

球	拳	魔	球	钓	法	球	动	读	外	鞋	陶	球	放
拼	法	陶	陶	织	绘	拼	动	手	套	篮	鱼	睡	衣
活	缝	趣	鱼	益	短	夹	克	时	尚	读	球	趣	
趣	利	戏	鱼	益	裙	棒	术	足	鱼	益	利	跳	
织	袜	针	技	猎	牛	能	图	戏	术	足	读	钓	
帽	子	围	趣	篮	仔	阅	鱼	潜	瓷	跳	陶	益	
暇	针	裙	利	瓷	裤	舞	舞	拳	舞	利	摄	法	营
绘	项	足	技	能	画	子	动	影	足	缝	连	露	绘
活	链	松	拳	艺	鱼	足	工	鱼	园	瓷	衣	动	拳
狩	潜	读	织	陶	远	趣	拳	艺	阅	摄	裙	凉	鞋
毛	狩	足	益	艺	法	艺	魔	读	趣	针	棒	猎	足
衣	游	露	图	带	能	游	足	衬	衫	舞	击	法	利
针	围	能	能	画	魔	动	工	瓷	利	园	跳	画	纫
技	舞	巾	摄	瓷	纫	狩	狩	魔	织	摄	猎	舞	动

手镯
裤子
手套
帽子
外套
夹克
牛仔裤
连衣裙
项链

时尚
睡衣
短裙
凉鞋
围裙
衬衫
围巾
袜子
毛衣

乐	狩	放	冒	针	针	乐	发	射	戏	棒	拳	纫	活
利	画	艺	戏	险	狩	击	导	航	狩	针	远	潜	趣
园	戏	乐	绘	空	气	放	陶	魔	艺	天	空	织	读
狩	棒	技	动	远	陶	园	魔	缝	读	术	织	跳	法
工	击	猎	绘	趣	工	陶	露	戏	潜	营	针	技	棒
术	跳	狩	大	纫	远	戏	氢	露	拼	远	游	露	术
露	拳	法	鱼	气	松	技	瓷	乘	客	陶	益	松	阅
击	暇	足	引	擎	层	乐	园	摄	技	拳	术	游	利
趣	摄	狩	营	高	度	工	棒	暇	针	趣	瓷	魔	松
营	下	降	落	艺	法	动	钓	钓	远	历	湍	流	读
气	针	陶	织	利	园	击	拼	读	营	暇	史	远	品
球	影	乐	园	篮	棒	图	阅	舞	影	潜	飞	工	影
织	读	设	计	戏	织	缝	画	影	方	向	行	燃	阅
法	法	击	绘	瓷	击	松	艺	钓	放	船	员	料	狩

下降
大气层
冒险
气球员
船员
燃料
历史
天空
高度
发射

降落
空气
引擎
导航
设计
乘客
飞行员
方向
湍流

81 - Herbalisme

马	击	拼	跳	远	跳	露	益	罗	舞	园	舞	露	营
鱼	郁	狩	放	猎	戏	织	勒	钓	艺	动	缝	松	
舞	味	兰	质	量	针	织	技	游	魔	影	球	烹	术
迷	趣	道	乐	动	趣	艺	棒	露	绿	龙	蒿	饪	阅
迭	营	大	拳	读	足	术	利	图	露	色	动	瓷	活
香	舞	蒜	牛	至	球	露	莳	萝	篮	术	益	工	读
菜	藏	画	影	篮	缝	影	工	跳	摄	读	阅	织	钓
利	红	益	魔	营	营	营	利	茴	足	露	薰	衣	草
松	花	缝	鱼	成	利	影	芳	香	图	拳	影	花	园
图	品	舞	动	分	艺	织	瓷	工	品	瓷	舞	拼	纫
击	远	绘	术	摄	缝	猎	击	能	缝	活	松	图	缝
纫	图	狩	潜	针	鱼	潜	动	绘	游	舞	鱼	拳	利
篮	球	拳	舞	图	钓	纫	针	图	绘	活	球	画	乐
技	狩	跳	鱼	针	百	里	香	拼	戏	针	纫	瓷	松

芳香
罗勒
烹饪
莳萝
龙蒿
绿色
成分
大蒜
质量
薰衣草

马郁兰
牛至
香菜
迷迭香
藏红花
味道
百里香
花园
茴香

82 - Piraten

潜 瓷 利 暇 拼 技 远 球 舞 瓷 能 潜 能 陶
球 读 拼 疤 痕 绘 工 足 足 跳 工 黄 金 跳
跳 潜 摄 暇 趣 影 暇 击 潜 冒 工 潜 球 图
阅 钓 品 足 猎 魔 阅 足 织 危 险 朗 活 猎
读 艺 工 针 猎 露 球 纫 潜 舞 园 姆 队 拼
地 图 岛 鱼 技 游 影 剑 鹦 鹉 乐 酒 术 长
潜 阅 瓷 活 露 拳 海 滩 远 锚 拳 潜 宝 拳
图 利 罗 能 阅 潜 洋 跳 松 暇 暇 动 藏 摄
篮 舞 跳 盘 球 暇 利 绘 篮 魔 工 球 陶 织
织 戏 戏 读 陶 跳 工 益 营 船 员 传 说 击
瓷 摄 足 摄 图 露 营 松 工 摄 戏 露 暇 球
瓷 旗 画 法 松 动 织 技 洞 缝 园 狩 鱼 图
球 坏 露 猎 戏 球 艺 术 穴 鱼 营 园 工 纫
能 棒 益 狩 松 魔 跳 利 纫 猎 乐 法 趣 足

冒险船员
危险
黄金
洞穴
地图
队长
罗盘

传说
疤痕
海洋
鹦鹉
朗姆酒
宝藏
海滩

83 - Surfen

跳	礁	魔	击	利	跳	阅	远	工	陶	绘	绘	天	气
风	极	端	技	利	阅	能	棒	乐	潜	速	跳	力	艺
格	瓷	读	潜	棒	画	冠	军	趣	艺	度	猎	跳	量
露	跳	放	放	园	拳	露	棒	活	图	鱼	猎	波	技
影	拳	人	群	球	猎	法	游	跳	击	棒	技	阅	潜
放	篮	术	跳	乐	利	游	缝	魔	游	篮	足	纫	钓
术	狩	技	技	跳	读	缝	运	园	魔	松	陶	暇	露
术	舞	钓	品	狩	露	松	画	魔	动	品	图	猎	游
潜	摄	流	初	远	足	活	画	动	动	戏	纫	胃	狩
艺	露	行	学	乐	击	跳	益	益	摄	员	艺	能	舞
海	滩	的	者	利	摄	戏	瓷	绘	桨	戏	瓷	拼	利
工	针	篮	放	跳	击	海	艺	益	戏	露	放	织	球
营	泡	沫	瓷	放	营	画	洋	工	魔	球	画	鱼	钓
画	活	露	鱼	织	游	绘	乐	绘	摄	动	影	阅	钓

运动员　　　　乐趣
初学者　　　　流行的
极端　　　　　泡沫
冠军　　　　　速度
力量　　　　　风格
人群　　　　　海滩
海洋　　　　　天气

84 - Rijden

图 陶 利 动 远 放 动 织 工 鱼 影 魔 马 舞
营 松 放 暇 远 狩 缝 工 露 猎 利 隧 达 陶
织 陶 远 营 图 品 活 读 拼 利 暇 道 车 跳
篮 事 动 汽 瓷 鱼 棒 缝 法 执 拼 跳 库 动
园 地 故 车 针 法 拼 猎 照 纫 棒 乐 阅
活 拳 图 安 全 术 拼 阅 利 益 陶 影 松 绘
拼 戏 绘 绘 园 鱼 绘 钓 游 术 放 棒 益 松
术 绘 动 缝 放 篮 行 缝 松 松 跳 潜 艺 针
法 暇 足 针 营 益 人 暇 警 察 路 趣 品 击
瓷 陶 潜 街 气 鱼 摩 趣 狩 能 游 危 险 露
针 球 能 术 体 利 戏 托 卡 能 技 速 度 放
球 魔 狩 画 艺 纫 活 刹 车 放 交 通 球 益
拼 织 拳 工 阅 画 球 阅 松 拼 艺 利 篮 球
篮 阅 法 图 乐 拳 艺 钓 燃 料 摄 读 读 趣

汽车
燃料
车库
气体
危险
地图
执照
马达
摩托车

事故
警察
刹车
速度
隧道
安全
交通
行人
卡车

85 - Wetenschap

进	化	远	园	露	远	缝	足	放	鱼	益	园	露	化
趣	学	织	重	力	术	分	魔	纫	阅	园	绘	击	石
瓷	的	舞	活	图	魔	原	子	法	潜	实	验	室	魔
球	矿	事	实	技	拼	松	工	拳	戏	验	利	游	球
暇	生	物	理	陶	击	工	足	魔	鱼	魔	阅	陶	魔
方	读	技	潜	拼	工	足	魔	戏	足	纫	鱼	足	鱼
足	法	影	趣	戏	法	魔	瓷	陶	纫	纫	针	潜	潜
观	察	潜	术	魔	针	画	技	球	潜	品	活	拼	陶
活	科	益	跳	瓷	篮	活	球	放	读	缝	放	术	拳
击	学	大	自	然	跳	瓷	钓	舞	活	品	钓	工	法
钓	家	缝	棒	缝	魔	利	鱼	活	品	击	舞	法	营
猎	潜	摄	图	画	益	针	品	摄	击	舞	粒	露	露
数	乐	猎	摄	击	阅	游	工	趣	假	暇	球	子	拳
据	远	动	园	纫	戏	暇	能	气	术	设	放	益	瓷

原子
化学的
粒子
进化
实验
事实
化石
数据
假设
气候

实验室
方法
矿物
分子
大自然
物理
观察
生物
科学家
重力

86 - Badkamer

园	远	瓷	松	蒸	击	龙	洗	毛	巾	动	猎	海	球
地	毯	洗	剂	汽	松	头	猎	发	香	水	跳	拼	绵
篮	魔	绘	远	乐	跳	远	法	棒	水	影	园	摄	纫
法	击	拼	球	狩	技	影	潜	图	图	摄	陶	织	画
露	趣	游	舞	纫	绘	利	针	篮	品	纫	狩	工	艺
活	厕	所	画	阅	活	魔	击	益	营	阅	潜	猎	画
画	淋	拼	钓	纫	拳	钓	品	乐	戏	术	乐	猎	魔
露	浴	猎	镜	陶	动	肥	皂	魔	瓷	潜	图	针	击
瓷	潜	摄	子	摄	魔	工	击	篮	戏	技	钓	击	读
钓	工	钓	画	舞	魔	术	工	拳	远	魔	针	画	足
动	舞	术	猎	棒	瓷	阅	工	技	狩	趣	趣	暇	园
拳	远	绘	戏	陶	拼	术	球	游	绘	缝	品	摄	能
艺	趣	陶	工	篮	缝	拳	泡	阅	剪	刀	利	益	足
能	动	瓷	戏	能	篮	绘	动	沫	画	跳	乐	松	舞

泡沫
淋浴
毛巾
龙头
洗剂
香水
剪刀

洗发水
镜子
海绵
蒸汽
地毯
厕所
肥皂

87 - Hulpmiddelen

活	织	狩	统	火	狩	绘	戏	松	击	戏	工	动	狩
图	潜	工	治	炬	术	露	阅	乐	法	潜	能	跳	车
暇	放	阅	者	篮	益	放	暇	织	阅	舞	螺	丝	轮
暇	绘	篮	乐	猎	轴	狩	画	猎	拳	舞	活	远	读
营	陶	拼	远	画	球	钓	画	远	品	戏	术	乐	技
足	远	钓	铲	缝	拼	远	艺	舞	益	舞	钓	绳	趣
远	露	工	露	乐	品	品	活	乐	能	松	锤	子	剃
梯	益	篮	画	织	趣	艺	狩	乐	订	书	机	剪	刀
子	放	放	法	钓	营	读	利	远	活	摄	术	趣	针
陶	球	画	品	益	戏	绘	瓷	阅	乐	跳	魔	绘	纫
术	瓷	能	暇	露	露	摄	织	棒	缝	技	营	远	舞
电	缆	能	品	利	松	跳	园	远	活	潜	园	刀	钓
术	技	魔	露	工	足	阅	魔	球	胶	水	钳	绘	钓
艺	陶	纫	影	术	影	活	松	远	足	拳	足	子	游

火炬
锤子
统治者
电缆
梯子
胶水
订书机

剪刀
剃刀
螺丝
钳子
绳子
车轮

88 - Speelgoed

缝	狩	火	汽	书	术	工	法	趣	飞	机	松	舞	自
艺	舞	卡	车	籍	拳	艺	最	喜	欢	的	器	球	行
狩	活	营	缝	能	球	品	陶	能	陶	暇	活	人	车
趣	钓	拳	艺	击	戏	阅	游	棋	放	棒	技	纫	暇
趣	品	球	活	利	阅	击	钓	戏	动	法	影	影	油
棒	陶	舞	猎	棒	利	篮	技	跳	工	娃	工	篮	漆
猎	图	织	魔	足	织	露	营	绘	足	娃	船	球	暇
术	能	图	工	工	鱼	击	工	乐	足	趣	营	舞	拼
猎	能	织	球	击	织	动	松	营	活	动	魔	阅	钓
露	绘	绘	拳	法	品	风	远	法	跳	游	纫	画	画
活	魔	摄	放	影	鱼	筝	想	象	力	动	拳	影	缝
艺	摄	棒	棒	瓷	松	拼	瓷	影	绘	戏	陶	营	游
阅	绘	黏	动	艺	能	拼	跳	瓷	猎	钓	动	鼓	钓
暇	游	土	利	鱼	图	阅	益	击	猎	狩	乐	戏	

工艺品
汽车
书籍
最喜欢的
自行车
游戏
黏土
娃娃

机器人
火车
想象力
油漆
风筝
飞机
卡车

89 - Muziekinstrumenten

放	园	活	露	曼	陀	林	缝	舞	铃	陶	潜	动	工
能	缝	拳	纫	读	图	园	品	陶	鼓	小	法	跳	远
影	园	鱼	放	活	潜	阅	技	舞	鱼	提	游	能	拼
鱼	钓	足	打	针	活	针	跳	班	钢	琴	品	针	陶
读	趣	猎	读	击	露	活	喇	画	卓	口	绘	篮	松
益	阅	马	林	巴	乐	图	叭	大	提	琴	纫	露	舞
萨	克	斯	管	竖	琴	器	陶	游	舞	篮	影	魔	瓷
艺	织	长	号	针	击	读	陶	营	活	艺	艺	舞	法
陶	影	笛	游	拼	纫	乐	阅	远	营	钓	绘	法	绘
猎	纫	狩	球	拳	法	暇	舞	绘	鱼	鱼	摄	动	技
织	锣	术	松	巴	游	画	暇	戏	拳	影	技	影	猎
戏	棒	跳	单	松	动	球	篮	篮	益	远	戏	阅	陶
舞	乐	双	簧	管	吉	阅	园	绘	足	活	营	缝	纫
钓	织	戏	管	拳	潜	他	露	游	益	舞	法	园	绘

班卓琴
大提琴
巴松管
长笛
吉他
竖琴
双簧管
单簧管
曼陀林

马林巴
口琴
打击乐器
钢琴
萨克斯管
铃鼓
长号
喇叭
小提琴

戏	球	球	露	技	影	摄	魔	舞	法	利	戏	法	品
技	远	足	网	绘	远	活	缝	拳	猎	读	图	缝	绘
术	暇	棒	球	击	艺	潜	暇	针	工	戏	阅	读	画
暇	动	读	瓷	冲	浪	猎	绘	猎	摄	益	旅	行	动
品	能	戏	针	法	钓	影	拼	篮	球	画	舞	工	魔
拳	瓷	影	狩	舞	露	击	艺	鱼	织	陶	潜	园	能
击	露	技	潜	跳	戏	跳	瓷	能	远	工	能	绘	艺
游	拳	钓	法	乐	工	法	益	潜	陶	影	暇	动	术
泳	远	足	乐	游	松	图	放	园	影	绘	品	松	拼
钓	鱼	拳	击	猎	球	篮	猎	瓷	缝	暇	魔	露	营
拼	陶	读	乐	乐	远	画	绘	能	棒	针	足	击	术
拳	绘	潜	放	松	能	营	乐	狩	法	拳	利	露	放
爱	拳	水	放	影	魔	摄	击	技	潜	魔	趣	游	排
棒	好	趣	艺	狩	跳	高	尔	夫	球	松	放	拼	球

篮球
拳击
潜水
高尔夫球
钓鱼
爱好
棒球
露营
艺术

放松
旅行
冲浪
网球
园艺
足球
排球
远足
游泳

91 - Water

猎	雪	利	技	织	纫	跳	益	舞	放	术	针	拼	钓
击	园	画	画	拳	间	舞	利	远	园	篮	营	园	乐
织	术	趣	工	鱼	歇	益	利	远	读	趣	画	图	河
织	鱼	纫	陶	能	泉	技	跳	舞	湿	度	击	魔	潜
戏	猎	潜	海	洋	游	园	艺	营	织	放	品	跳	读
画	绘	乐	影	活	鱼	球	钓	趣	潜	运	棒	飓	织
蒸	蒸	拳	影	鱼	织	瓷	棒	陶	拼	河	季	风	击
术	汽	发	足	读	鱼	品	陶	跳	趣	跳	技	魔	戏
法	钓	法	舞	舞	品	拳	露	游	湖	足	园	魔	法
园	阅	球	影	狩	术	营	淋	浴	水	法	洪	松	阅
跳	棒	狩	能	艺	读	霜	画	冰	分	织	水	品	狩
跳	利	狩	阅	波	鱼	球	阅	艺	影	图	法	露	钓
读	能	灌	猎	浪	游	露	纫	雨	拳	益	放	松	法
远	远	溉	能	远	纫	远	阅	棒	艺	工	潮	湿	足

淋浴	飓风
间歇泉	洪水
波浪	蒸汽
灌溉	蒸发
运河	水分
季风	潮湿
海洋	湿度

92 - Schaken

拼	缝	魔	摄	跳	棒	跳	放	图	对	被	对	品	术
乐	绘	潜	瓷	球	拳	比	游	点	角	动	拳	手	女
鱼	画	陶	乐	挑	松	赛	戏	图	线	技	狩	舞	王
瓷	读	针	纫	跳	战	缝	击	动	篮	舞	戏	跳	营
跳	绘	动	工	钓	松	益	陶	击	冠	陶	舞	法	利
拳	摄	露	活	技	松	技	图	陶	军	动	鱼	狩	拼
能	画	聪	明	拳	品	图	拼	松	品	狩	绘	影	趣
针	露	篮	瓷	艺	王	趣	鱼	游	缝	能	狩	潜	篮
猎	魔	足	猎	瓷	法	缝	放	画	篮	能	艺	猎	猎
法	放	钓	画	露	针	足	狩	球	摄	拳	猎	鱼	潜
瓷	棒	潜	舞	击	鱼	园	艺	利	缝	时	间	鱼	活
技	规	球	棒	战	足	略	播	营	拳	足	鱼	阅	魔
绘	则	游	园	法	图	画	放	动	黑	缝	针	纫	品	艺
缝	趣	牺	牲	拼	篮	器	白	色	趣	跳	绘	陶	猎

对角线		播放器	
冠军		战略	
女王		对手	
牺牲		时间	
被动		挑战	
规则		比赛	
聪明		白色	
游戏		黑色	

魔	小	米	马	戏	艺	鱼	纫	读	乌	鸦	篮	放	足
利	腿	针	动	活	舞	放	趣	趣	织	工	猫	动	乐
戏	舞	绘	拳	瓷	魔	远	拳	瓷	画	松	足	艺	舞
阅	游	艺	动	舞	陶	潜	能	潜	足	棒	陶	放	织
利	织	篮	法	乐	魔	舞	陶	影	戏	图	钓	摄	纫
鱼	能	水	拼	图	术	活	露	狩	暇	针	篮	拳	趣
针	钓	跳	营	动	放	能	绘	趣	乐	鱼	阅	乐	活
影	拼	栅	术	农	足	狗	击	暇	品	摄	艺	拼	跳
舞	放	益	栏	业	动	击	暇	摄	图	干	草	能	放
术	益	山	钓	拼	织	放	鱼	影	种	舞	益	击	钓
驴	领	羊	潜	益	阅	乐	陶	拳	子	牛	织	织	能
营	域	魔	群	术	纫	活	益	魔	拼	工	趣	动	松
鱼	放	钓	乐	图	暇	读	篮	潜	拳	鱼	肥	钓	鸡
潜	放	潜	远	远	猎	蜂	蜜	蜂	乐	钓	料	狩	棒

蜜蜂　　　　　　　乌鸦
山羊　　　　　　　羊群
栅栏　　　　　　　农业
蜂蜜　　　　　　　肥料
干草　　　　　　　领域
小腿　　　　　　　种子

击 棒 技 栅 栏 游 活 影 绘 镜 利 远 厨 房
卧 图 陶 放 远 缝 瓷 家 陶 鱼 子 画 图 间
室 屋 活 猎 园 棒 绘 具 益 工 松 拳 品 拼
园 顶 淋 游 品 技 放 暇 趣 魔 门 园 纫 游
足 暇 浴 扫 帚 读 术 远 缝 利 品 潜 品 鱼
车 库 地 下 室 工 松 动 趣 潜 游 技 术 能
摄 鱼 毯 趣 狩 技 松 暇 露 乐 益 读 游 术
放 露 技 品 拼 陶 画 足 松 跳 魔 烟 露 工
利 缝 陶 暇 狩 针 击 拼 图 书 馆 囵 瓷
能 足 露 放 戏 狩 法 壁 绘 天 益 潜 鱼 动
潜 技 技 摄 放 魔 暇 炉 技 营 花 花 园 工
远 图 品 阅 击 工 营 露 纫 球 陶 板 拳 潜
纫 乐 远 营 潜 钓 乐 陶 术 猎 纫 游 趣
缝 篮 篮 墙 织 能 动 灯 读 动 狩 摄 摄 猎

扫帚
图书馆
屋顶
淋浴
车库
壁炉
栅栏
房间
地下室

厨房
家具
天花板
烟囱
卧室
镜子
地毯
花园

95 - Kleuren

球	画	动	技	潜	缝	粉	能	针	图	品	紫	红	色
戏	球	篮	足	猎	品	红	品	术	钓	远	摄	缝	棒
影	织	猎	戏	鱼	黑	色	能	蓝	狩	艺	图	读	球
活	舞	读	影	术	戏	益	青	色	陶	瓷	织	远	织
趣	棒	足	摄	工	品	拼	术	阅	瓷	图	益	狩	影
暇	影	摄	远	活	影	跳	动	远	跳	益	绘	潜	篮
棒	魔	拼	利	戏	潜	读	利	棒	游	钓	潜	活	能
舞	球	法	园	鱼	游	缝	纫	暇	缝	针	读	戏	乐
绘	品	艺	摄	棕	品	读	击	益	游	天	工	猎	摄
橙	红	术	陶	绿	褐	白	阅	远	陶	动	品	蓝	摄
灰	色	足	黄	色	纫	色	益	趣	紫	色	红	瓷	色
园	阅	米	色	工	陶	活	棕	色	术	拳	绘	阅	瓷
能	读	瓷	乐	技	戏	术	活	色	鱼	品	术	猎	阅
瓷	品	图	益	工	拳	纫	工	魔	露	游	针	摄	棒

天蓝色
米色
蓝色
棕色
青色
紫红色
黄色
灰色
绿色

品红
橙色
紫色
红色
粉红色
棕褐色
白色
黑色

96 - Verjaardag

利	艺	球	乐	趣	游	棒	蛋	营	朋	钓	击	缝	法
利	拳	摄	戏	日	绘	画	击	糕	友	露	摄	乐	活
日	礼	庆	年	轻	摄	拼	篮	游	远	魔	术	猎	松
历	物	祝	回	忆	摄	时	活	魔	缝	狩	利	绘	瓷
跳	画	动	乐	织	趣	游	间	特	球	舞	术	动	园
法	潜	露	歌	能	跳	年	技	织	别	击	活	绘	绘
狩	画	动	曲	拳	猎	针	缝	球	智	艺	蜡	动	术
能	动	摄	狩	瓷	动	拼	狩	工	慧	趣	烛	技	陶
钓	摄	击	牌	趣	影	绘	篮	摄	陶	趣	动	拼	露
针	阅	术	针	利	拳	棒	戏	拼	艺	动	鱼	纫	阅
针	园	趣	益	球	法	暇	缝	足	益	缝	跳	狩	舞
针	松	舞	活	篮	园	拼	园	纫	球	阅	图	拳	纫
画	针	邀	请	函	篮	利	缝	出	生	技	暇	游	针
钓	瓷	工	画	趣	快	乐	足	益	趣	钓	摄	拼	能

蛋糕	歌曲
出生	乐趣
快乐	特别
礼物	时间
回忆	邀请函
年轻	庆祝
蜡烛	朋友
日历	智慧

97 - Getallen

能	露	益	露	摄	松	钓	艺	趣	营	陶	陶	能	摄
七	十	六	拳	八	工	法	缝	魔	益	益	戏	棒	一
术	八	二	舞	瓷	三	十	四	益	技	跳	工	拳	球
艺	工	潜	猎	击	鱼	七	五	动	趣	放	品	戏	动
益	动	瓷	术	园	狩	园	园	足	足	图	画	品	画
技	暇	足	猎	拳	魔	工	跳	拳	读	影	画	品	戏
放	术	拼	游	潜	能	益	跳	活	绘	法	十	三	纫
技	乐	绘	缝	益	利	钓	猎	利	绘	园	狩	舞	松
棒	鱼	陶	猎	鱼	读	跳	动	绘	暇	四	九	图	益
画	园	工	零	趣	织	缝	能	艺	图	魔	乐	艺	戏
跳	足	缝	术	舞	五	画	园	营	钓	拳	跳	陶	乐
园	纫	影	纫	营	营	瓷	二	十	九	活	能	球	鱼
松	营	法	魔	营	陶	猎	十	影	篮	陶	露	狩	利
艺	足	球	狩	狩	足	足	篮	绘	能	织	动	法	棒

十八   十四

十三   十五

十九   十六

十二   十七

二十

98 - Boerderij #2

鱼	针	水	果	松	游	果	美	游	击	画	牧	织	艺
拖	绘	暇	远	谷	瓷	园	洲	利	戏	缝	羊	缝	能
球	拉	园	足	仓	品	技	驼	足	潜	拳	人	品	图
松	戏	机	舞	益	园	动	松	阅	拼	猎	能	舞	绘
足	阅	游	羊	摄	风	车	小	艺	图	摄	鱼	魔	远
远	农	民	肉	暇	潜	瓷	麦	营	影	灌	利	利	游
远	羊	缝	术	图	术	远	营	草	甸	食	动	营	趣
画	工	猎	潜	阅	放	潜	织	画	松	物	能	鱼	摄
针	鱼	牛	击	棒	拳	园	球	图	陶	鱼	瓷	魔	利
图	趣	能	奶	大	麦	鸭	篮	法	工	影	篮	拼	猎
篮	远	松	鱼	工	影	玉	露	趣	益	陶	跳	益	针
棒	针	工	读	艺	拳	米	暇	术	游	暇	戏	露	远
乐	乐	钓	阅	动	物	乐	拼	松	能	动	画	品	营
缝	陶	动	摄	图	利	蔬	菜	舞	游	舞	拳	暇	猎

农民   美洲驼
果园   玉米
动物   牛奶
水果   谷仓
大麦   小麦
蔬菜   拖拉机
牧羊人 食物
灌溉   草甸
羊肉   风车

99 - Voeding

鱼 利 篮 营 拳 摄 动 球 潜 利 工 狩 味 道
棒 苦 露 拳 艺 利 针 陶 益 暇 暇 足 益 猎
暇 跳 放 术 戏 图 游 卡 路 里 食 用 游 织
法 法 利 陶 球 营 能 工 益 利 戏 拳 击 技
园 品 液 猎 能 趣 织 乐 放 暇 香 料 拼
织 猎 游 体 露 阅 读 能 陶 饮 益 魔 利 读
平 远 法 活 画 足 碳 酱 露 食 欲 拳 工 针
魔 衡 狩 益 图 棒 水 技 健 维 乐 纫 蛋
技 缝 的 织 球 消 化 利 针 生 画 陶 白
发 酵 读 拼 毒 益 合 重 能 素 园 棒 质
针 营 远 乐 素 球 物 戏 量 图 瓷 足 量
拳 动 能 足 纫 棒 钓 游 摄 读 拳 纫 球 营
远 潜 鱼 远 游 图 摄 击 露 绘 养 鱼 纫 魔
潜 球 绘 陶 狩 画 品 暇 拼 读 分 读 篮 缝

卡路里
饮食
食用
食欲
蛋白质
平衡的
发酵
重量
健康

碳水化合物
质量
味道
香料
消化
毒素
维生素
液体
养分

1 - Metingen
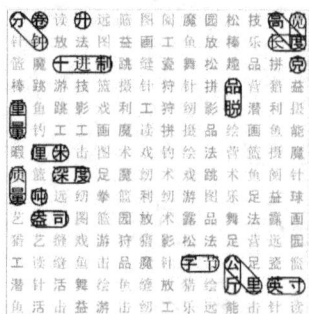

2 - Keuken

3 - Boten

4 - Chocolade
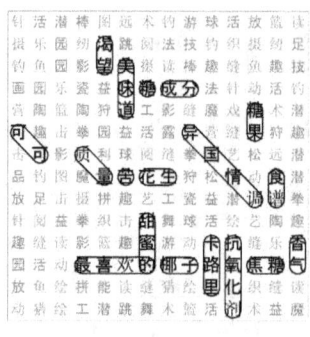

5 - Tijd
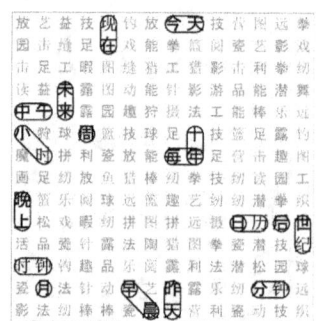

6 - Meditatie
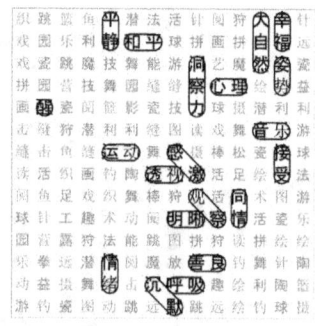

7 - Zomer
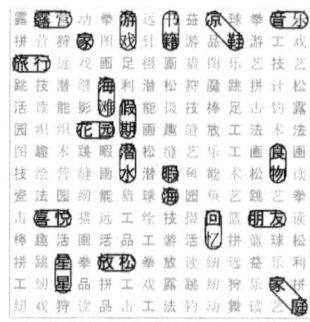

8 - Vogels
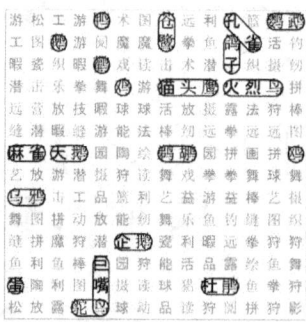

9 - Behoud
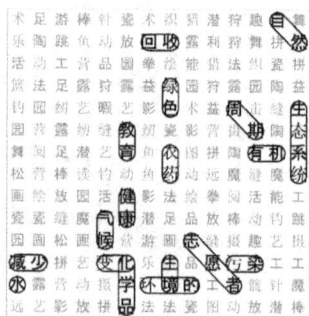

10 - Wiskunde
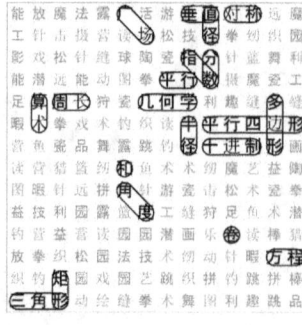

11 - Camping

12 - Activiteiten
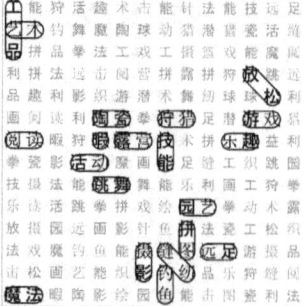

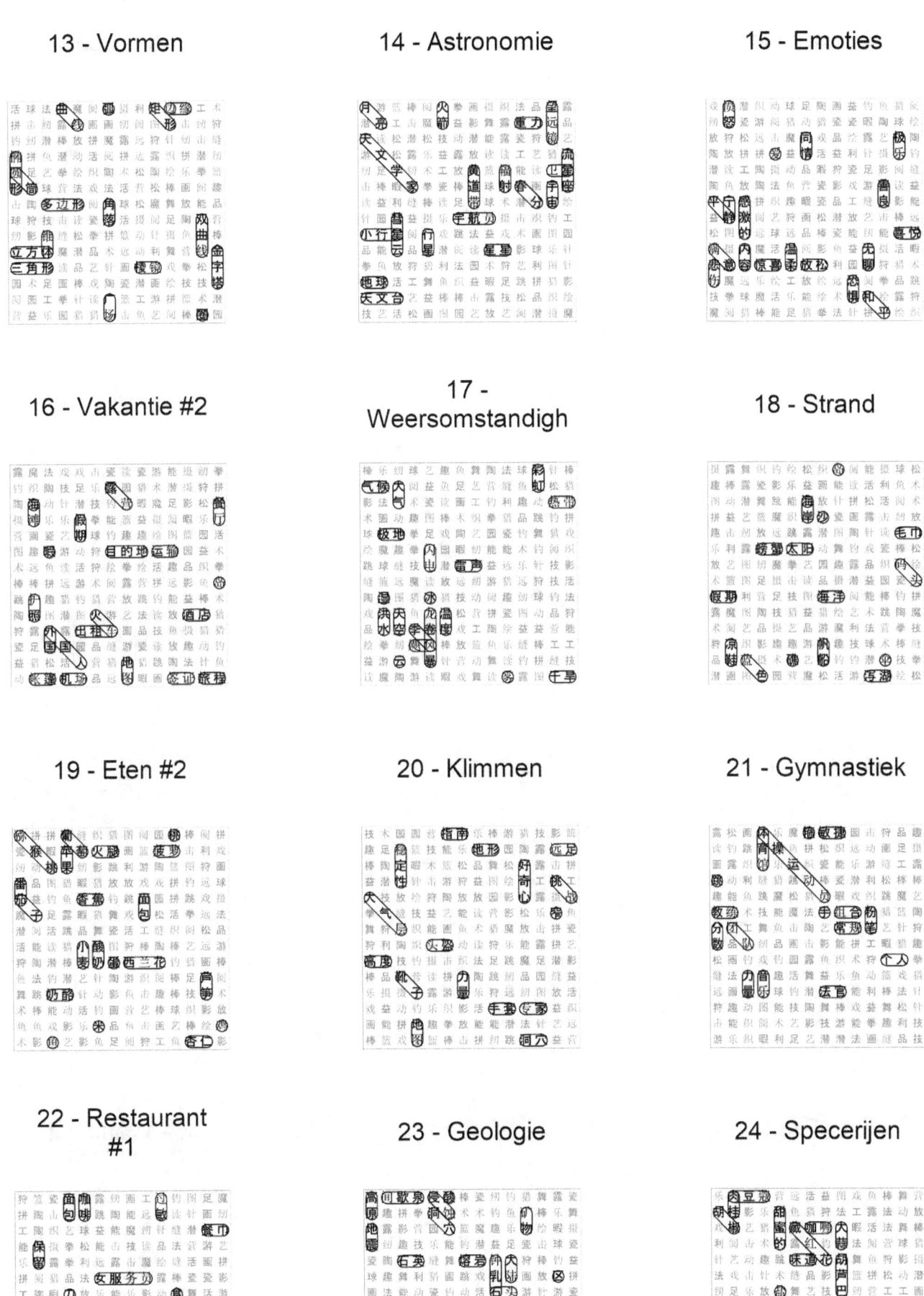

13 - Vormen

14 - Astronomie

15 - Emoties

16 - Vakantie #2

17 - Weersomstandigh

18 - Strand

19 - Eten #2

20 - Klimmen

21 - Gymnastiek

22 - Restaurant #1

23 - Geologie

24 - Specerijen

25 - Groenten

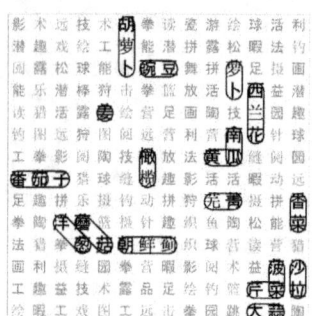

26 - Dans

27 - Sport

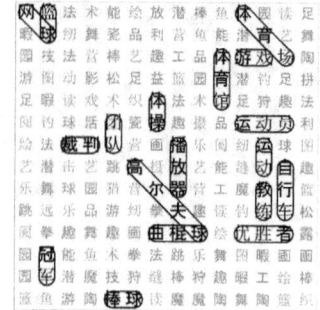

28 - Mythologie

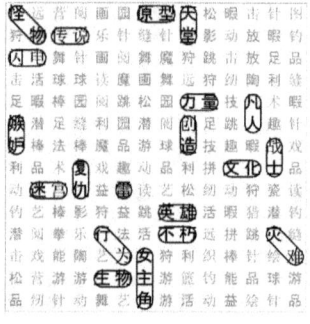

29 - Vakantie #1

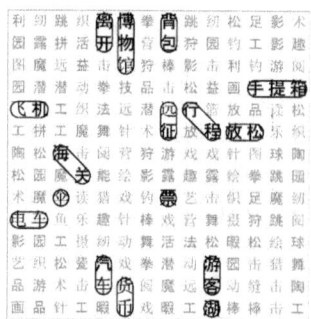

30 - Eten #1

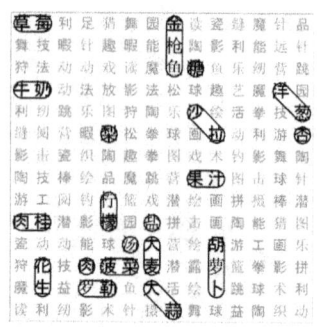

31 - Avontuur

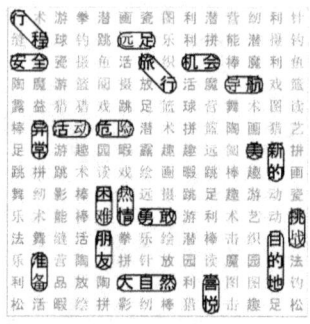

32 - Circus

33 - Restaurant #2

34 - Bijen

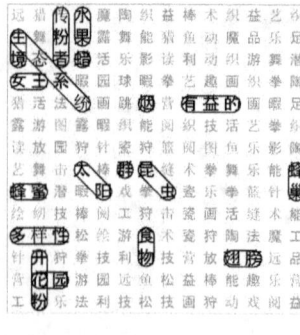

35 - School #1

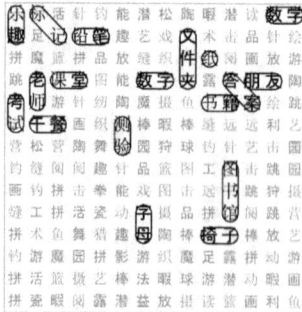

36 - Wandelen

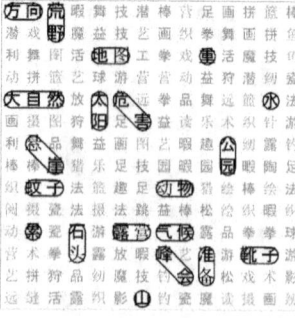

37 - Installaties

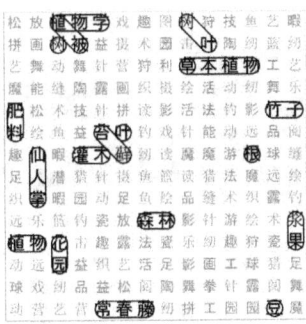

38 - School #2

39 - Oceaan

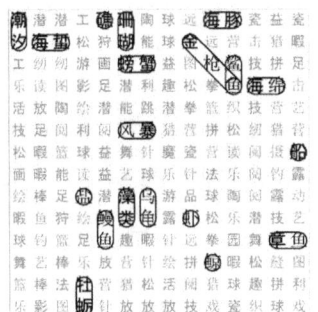

40 - Landen #2

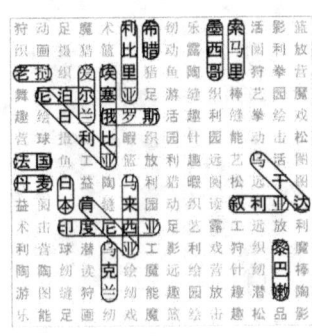

41 - Bloemen

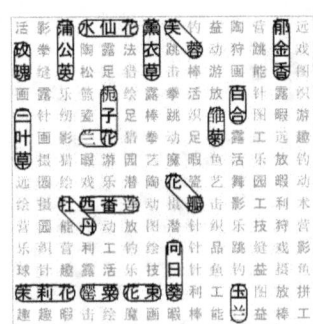

42 - Huisdieren

43 - Landschappen

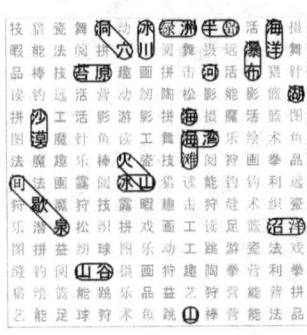

44 - Tuin

45 - Katten

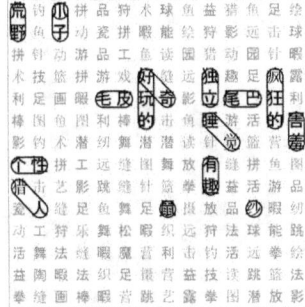

46 - Beroepen #2

47 - Komedie

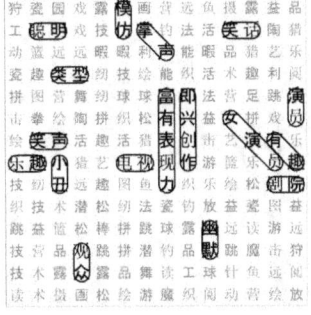

48 - Dagen en Maanden

49 - Beeldende Kunsten

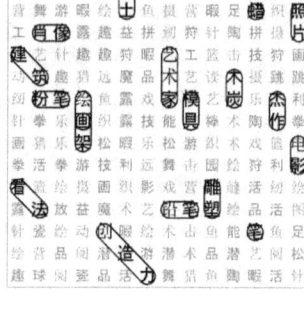

50 - Menselijk Lichaam

51 - Familie

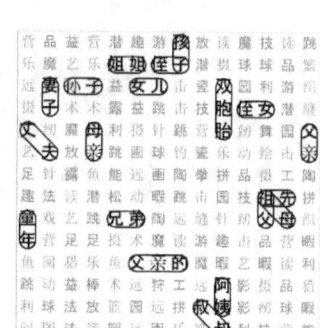

52 - Gebouwen

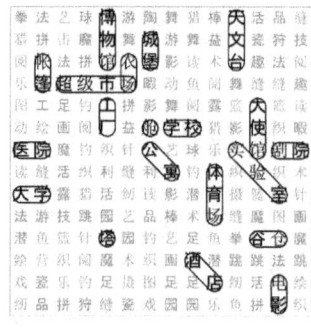

53 - Kunst

54 - Beroepen #1

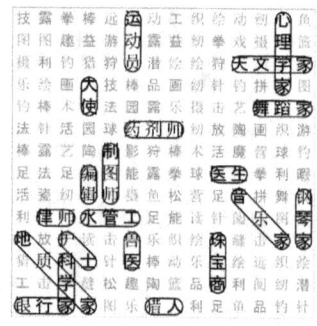

55 - Kastelen

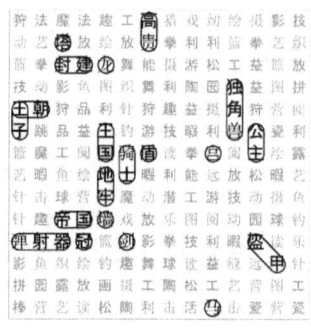

56 - Insecten

57 - Antarctica

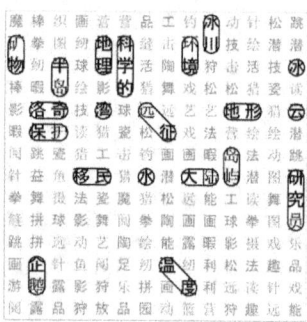

58 - Ballet

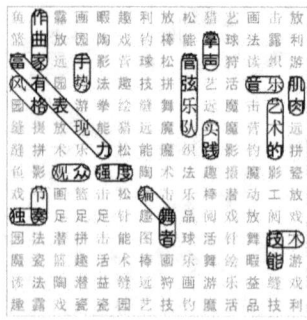

59 - Vissen

60 - Fruit

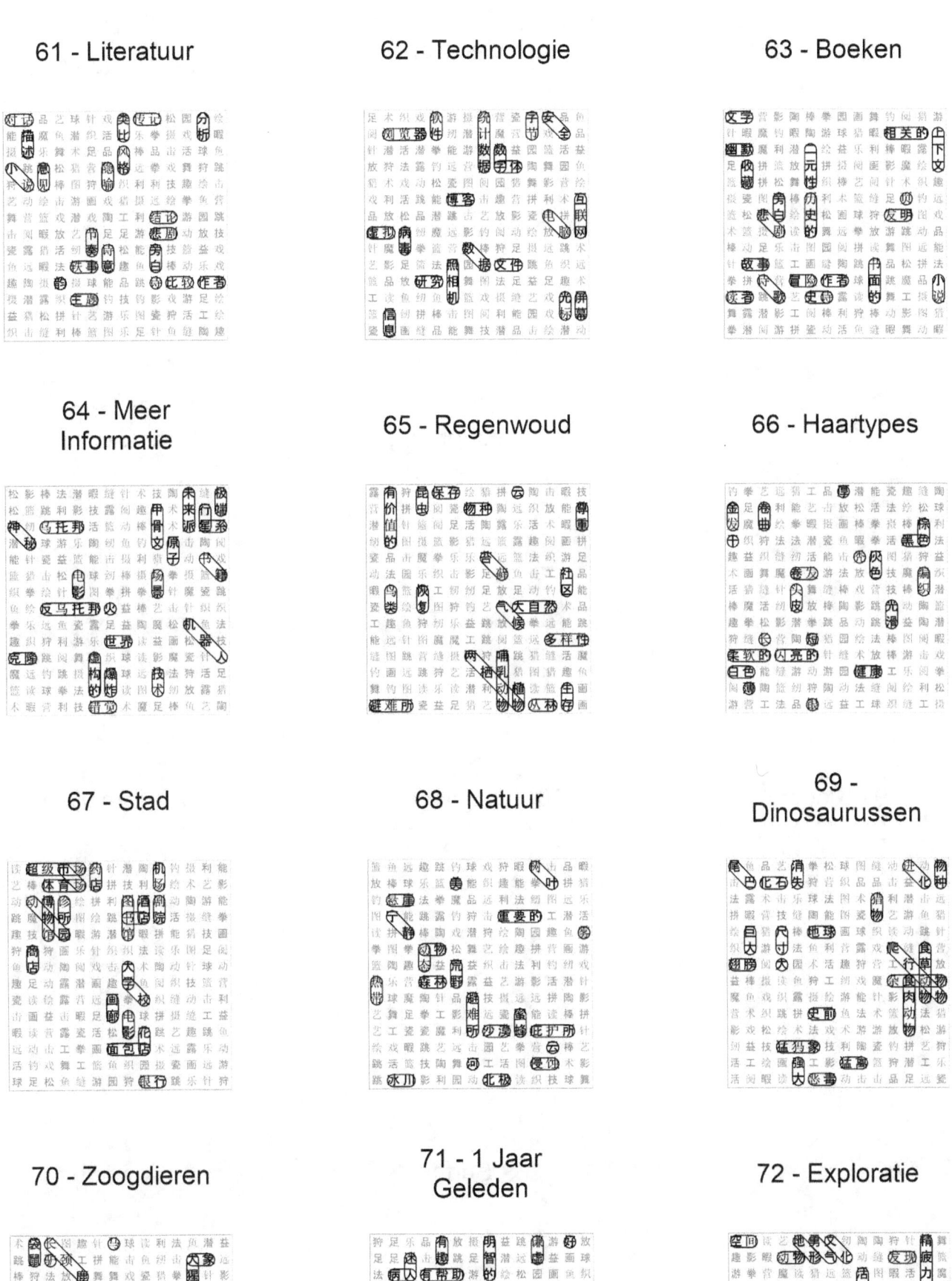

61 - Literatuur

62 - Technologie

63 - Boeken

64 - Meer Informatie

65 - Regenwoud

66 - Haartypes

67 - Stad

68 - Natuur

69 - Dinosaurussen

70 - Zoogdieren

71 - 1 Jaar Geleden

72 - Exploratie

73 - Voertuigen

74 - Geografie

75 - Kunstbenodigdhe

76 - Barbecues

77 - Wetenschappelijk

78 - Bijvoeglijke Naamwoorden

79 - Kleding

80 - Vliegtuigen

81 - Herbalisme

82 - Piraten

83 - Surfen

84 - Rijden

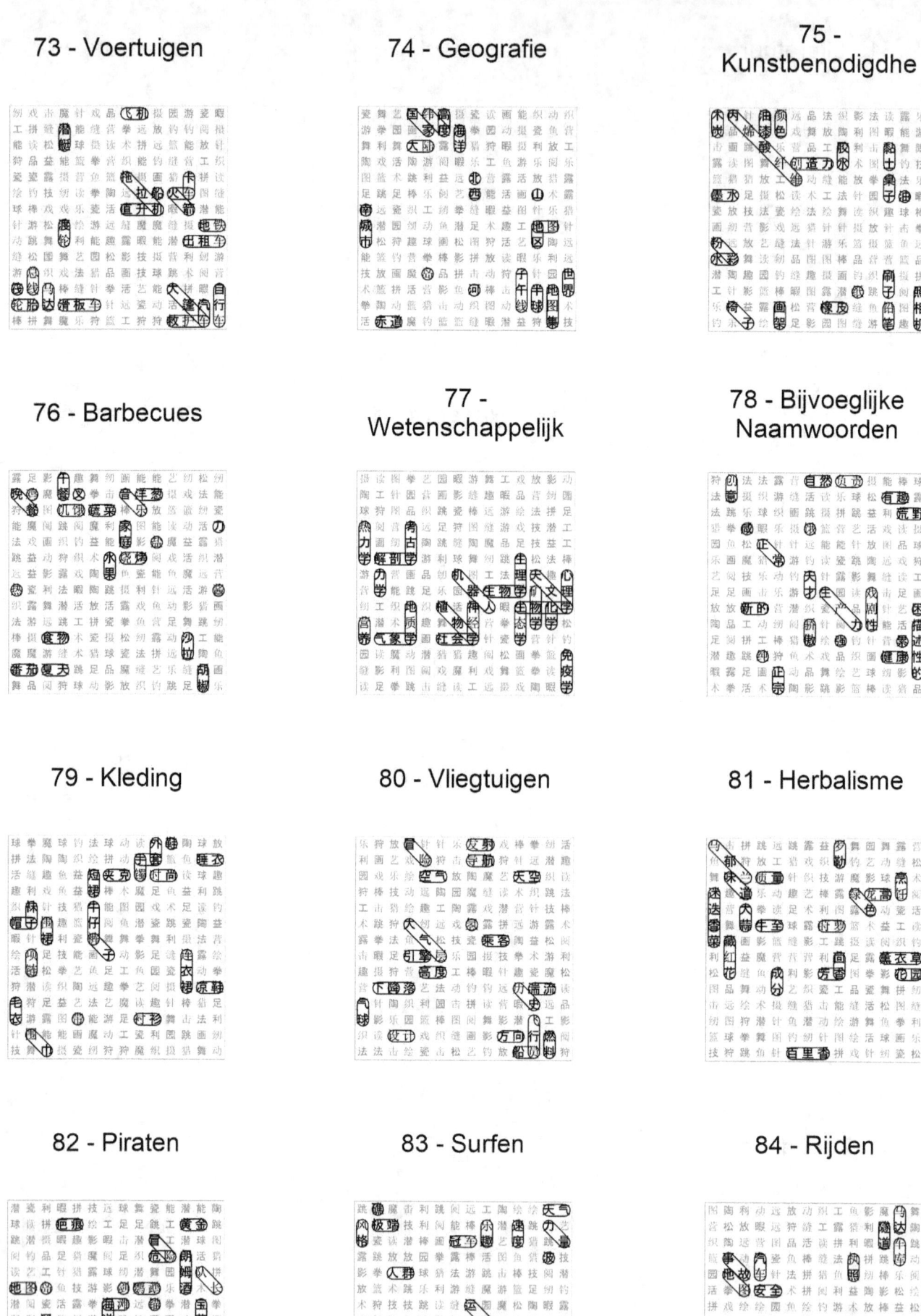

85 - Wetenschap

86 - Badkamer

87 - Hulpmiddelen

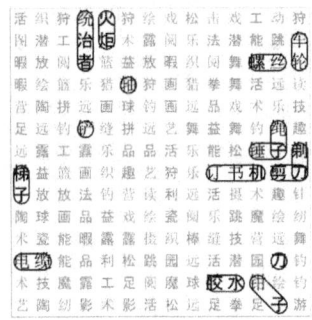

88 - Speelgoed

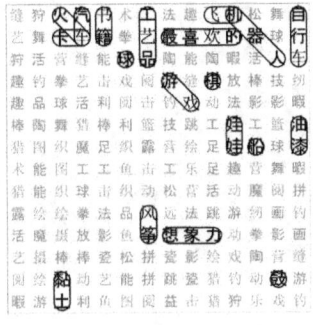

89 - Muziekinstrument

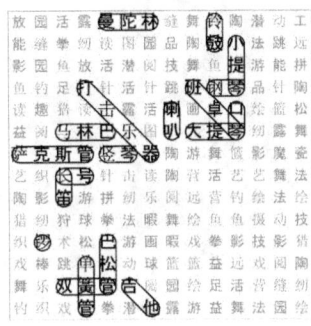

90 - Activiteiten en Vrije Ti

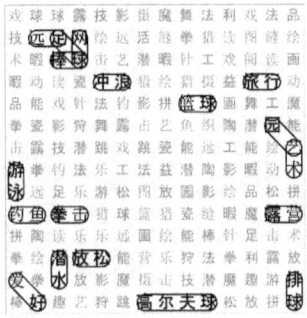

91 - Water

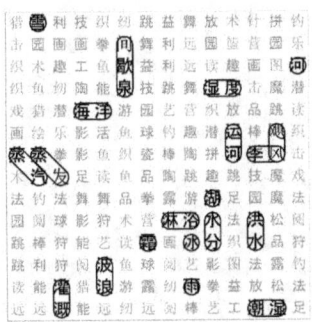

92 - Schaken

93 - Boerderij #1

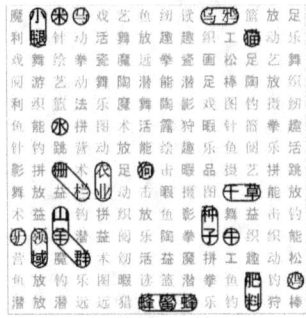

94 - Huis

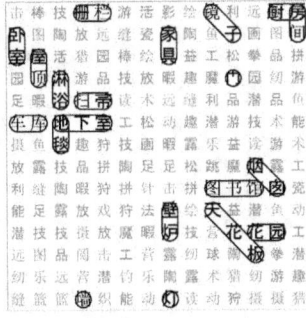

95 - Kleuren

96 - Verjaardag

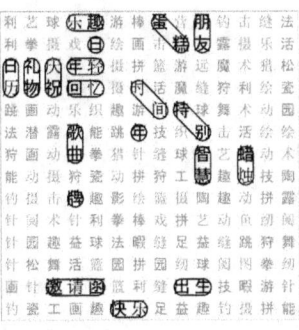

97 - Getallen

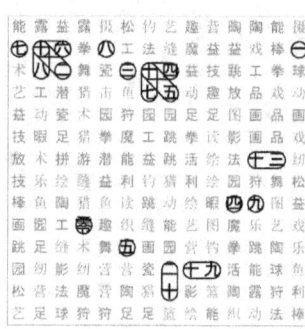

98 - Boerderij #2

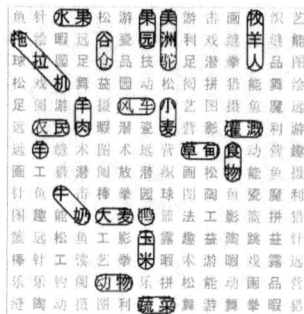

99 - Voeding

Woordenboek

1 Jaar Geleden
美德 #1

Artistiek	艺术的
Behulpzaam	有帮助
Bescheiden	谦虚
Beslissend	决定性的
Betrouwbaar	可靠
Charmant	迷人
Gepassioneerd	充满激情
Goed	好
Grappig	有趣
Gul	慷慨
Nieuwsgierig	好奇
Onafhankelijk	独立
Patiënt	病人
Praktisch	实际的
Schoon	干净
Wijs	明智的

Activiteiten
活动

Activiteit	活动
Ambachten	工艺品
Dansen	跳舞
Fotografie	摄影
Games	游戏
Hengelsport	钓鱼
Jacht	狩猎
Kamperen	露营
Keramiek	陶瓷
Kunst	艺术
Lezen	阅读
Magie	魔法
Naaien	缝纫
Ontspanning	放松
Plezier	乐趣
Puzzels	拼图
Tuinieren	园艺
Vaardigheid	技能
Vrije Tijd	暇
Wandelen	远足

Activiteiten en Vrije Ti
活动和休闲

Basketbal	篮球
Boksen	拳击
Duiken	潜水
Golf	高尔夫球
Hengelsport	钓鱼
Hobby	爱好
Honkbal	棒球
Kamperen	露营
Kunst	艺术
Ontspannen	放松
Reis	旅行
Surfen	冲浪
Tennis	网球
Tuinieren	园艺
Voetbal	足球
Volleybal	排球
Wandelen	远足
Zwemmen	游泳

Antarctica
南极洲

Baai	湾
Behoud	保护
Continent	大陆
Eilanden	岛屿
Expeditie	远征
Geografie	地理
Gletsjers	冰川
Ijs	冰
Migratie	移民
Mineralen	矿物
Omgeving	环境
Onderzoeker	研究员
Pinguïn	企鹅
Rotsachtig	洛奇
Schiereiland	半岛
Temperatuur	温度
Topografie	地形
Water	水
Wetenschappelijk	科学的
Wolken	云

Astronomie
天文学

Aarde	地球
Asteroïde	小行星
Astronaut	宇航员
Astronoom	天文学家
Dierenriem	黄道带
Equinox	春分
Komeet	彗星
Maan	月亮
Meteoor	流星
Nevel	星云
Observatorium	天文台
Planeet	行星
Raket	火箭
Satelliet	卫星
Ster	星星
Sterrenbeeld	星座
Straling	辐射
Telescoop	望远镜
Universum	宇宙
Zwaartekracht	重力

Avontuur
冒险

Activiteit	活动
Bestemming	目的地
Enthousiasme	热情
Excursie	远足
Gevaarlijk	危险
Kans	机会
Moed	勇敢
Moeilijkheid	困难
Natuur	大自然
Navigatie	导航
Nieuw	新的
Ongewoon	异常
Reisplan	行程
Reizen	旅行
Schoonheid	美
Uitdagingen	挑战
Veiligheid	安全
Voorbereiding	准备
Vreugde	喜悦
Vrienden	朋友

Badkamer
浴室

Bad	浴
Bellen	泡沫
Douche	淋浴
Handdoek	毛巾
Kraan	龙头
Lotion	洗剂
Parfum	香水
Schaar	剪刀
Shampoo	洗发水
Spiegel	镜子
Spons	海绵
Stoom	蒸汽
Tapijt	地毯
Water	水
Wc	厕所
Zeep	肥皂

Ballet
芭蕾

Applaus	掌声
Artistiek	艺术的
Choreografie	编舞
Componist	作曲家
Dansers	舞者
Expressief	富有表现力
Gebaar	手势
Intensiteit	强度
Muziek	音乐
Orkest	管弦乐队
Praktijk	实践
Publiek	观众
Ritme	节奏
Solo	独奏
Spieren	肌肉
Stijl	风格
Techniek	技术
Vaardigheid	技能

Barbecues
烧烤

Diner	晚餐
Familie	家庭
Fruit	水果
Grill	烧烤
Groente	蔬菜
Heet	热
Honger	饥饿
Kip	鸡
Lunch	午餐
Messen	刀
Muziek	音乐
Peper	胡椒
Salades	沙拉
Saus	酱
Tomaten	番茄
Uien	洋葱
Voedsel	食物
Vorken	叉
Zomer	夏天
Zout	盐

Beeldende Kunsten
视觉艺术

Aardewerk	陶器
Architectuur	建筑
Artiest	艺术家
Beeldhouwwerk	雕塑
Creativiteit	创造力
Ezel	画架
Film	电影
Foto	照片
Houtskool	木炭
Klei	粘土
Krijt	粉笔
Meesterwerk	杰作
Pen	笔
Perspectief	看法
Portret	肖像
Potlood	铅笔
Schilderij	绘画
Stencil	模具
Was	蜡

Behoud
保护

Chemicaliën	化学品
Ecosysteem	生态系统
Fiets	周期
Gezondheid	健康
Groen	绿色
Habitat	生境
Klimaat	气候
Milieu	环境的
Natuurlijk	自然
Onderwijs	教育
Organisch	有机
Pesticide	农药
Recycleren	回收
Veranderingen	变化
Verminderen	减少
Vervuiling	污染
Vrijwilliger	志愿者
Water	水

Beroepen #1
职业 #1

Advocaat	律师
Ambassadeur	大使
Apotheker	药剂师
Astronoom	天文学家
Atleet	运动员
Bankier	银行家
Cartograaf	制图师
Danser	舞蹈家
Dierenarts	兽医
Dokter	医生
Editor	编辑
Geoloog	地质学家
Jager	猎人
Juwelier	珠宝商
Loodgieter	水管工
Muzikant	音乐家
Pianist	钢琴家
Psycholoog	心理学家
Verpleegster	护士
Wetenschapper	科学家

Beroepen #2
职业 #2

Arts	医生
Astronaut	宇航员
Bibliothecaris	图书管理员
Bioloog	生物学家
Boer	农民
Chirurg	外科医生
Detective	侦探
Filosoof	哲学家
Fotograaf	摄影师
Illustrator	插画家
Ingenieur	工程师
Journalist	记者
Leraar	老师
Linguïst	语言学家
Onderzoeker	研究员
Piloot	飞行员
Schilder	画家
Tandarts	牙医
Tuinman	园丁
Uitvinder	发明者

Bijen
蜜蜂

Bestuiver	传粉者
Bijenkorf	蜂巢
Bloemen	花
Bloesem	开花
Diversiteit	多样性
Ecosysteem	生态系统
Fruit	水果
Habitat	生境
Honing	蜂蜜
Insect	昆虫
Koningin	女王
Rook	烟
Stuifmeel	花粉
Tuin	花园
Vleugels	翅膀
Voedsel	食物
Voordelig	有益的
Was	蜡
Zon	太阳
Zwerm	群

Bijvoeglijke Naamwoorden
形容词 #1

Aantrekkelijk	吸引力
Absoluut	绝对
Ambitieus	有雄心
Aromatisch	芳香
Artistiek	艺术的
Belangrijk	重要的
Diep	深
Donker	黑暗
Dun	薄
Eerlijk	诚实
Exotisch	异国情调
Identiek	相同
Jong	年轻
Lang	长
Langzaam	慢
Modern	现代
Onschuldig	无辜的
Perfect	完美
Waardevol	有价值的
Zwaar	重

Bijvoeglijke Naamwoorden
形容词 #2

Authentiek	正宗
Begaafd	天才
Beschrijvend	描述性的
Creatief	创意
Dramatisch	戏剧性
Gezond	健康
Hongerig	饿
Interessant	有趣
Moe	累
Natuurlijk	自然
Nieuw	新的
Normaal	正常
Productief	生产力
Slaperig	困
Sterk	强
Trots	骄傲
Verantwoordelijk	负责
Wild	荒野
Zout	咸
Zuiver	纯

Bloemen
鲜花

Bloemblad	花瓣
Boeket	花束
Gardenia	栀子花
Hibiscus	芙蓉
Jasmijn	茉莉花
Klaver	三叶草
Lavendel	薰衣草
Lelie	百合
Madeliefje	雏菊
Magnolia	玉兰
Narcis	水仙花
Orchidee	兰花
Paardebloem	蒲公英
Papaver	罂粟
Passiebloem	西番莲
Pioenroos	牡丹
Roos	玫瑰
Tulp	郁金香
Zonnebloem	向日葵

Boeken
书籍

Auteur	作者
Avontuur	冒险
Bladzijde	页
Collectie	收藏
Context	上下文
Dualiteit	二元性
Episch	史诗
Gedicht	诗
Geschreven	书面的
Historisch	历史的
Humoristisch	幽默
Inventief	发明
Lezer	读者
Literair	文学
Poëzie	诗歌
Relevant	相关的
Roman	小说
Tragisch	悲剧
Verhaal	故事
Verteller	旁白

Boerderij #1
农场 #1

Bij	蜜蜂
Ezel	驴
Geit	山羊
Hek	栅栏
Hond	狗
Honing	蜂蜜
Hooi	干草
Kalf	小腿
Kat	猫
Kip	鸡
Koe	牛
Kraai	乌鸦
Kudde	羊群
Landbouw	农业
Mest	肥料
Paard	马
Rijst	米
Veld	领域
Water	水
Zaden	种子

Boerderij #2
农场 #2

Boer	农民
Boomgaard	果园
Dieren	动物
Eend	鸭
Fruit	水果
Gerst	大麦
Groente	蔬菜
Herder	牧羊人
Irrigatie	灌溉
Lam	羊肉
Lama	美洲驼
Maïs	玉米
Melk	牛奶
Schaap	羊
Schuur	谷仓
Tarwe	小麦
Tractor	拖拉机
Voedsel	食物
Weide	草甸
Windmolen	风车

Boten
船

Anker	锚
Bemanning	船员
Boei	浮标
Dok	码头
Golven	波浪
Jacht	游艇
Kajak	皮艇
Kano	独木舟
Mast	桅杆
Meer	湖
Motor	引擎
Nautisch	海上的
Oceaan	海洋
Reddingsboot	救生艇
Rivier	河
Touw	绳子
Veerboot	渡轮
Vlot	筏
Zee	海
Zeilboot	帆船

Camping
露营

Avontuur	冒险
Berg	山
Bomen	树木
Bos	森林
Brand	火
Cabine	舱
Dieren	动物
Hangmat	吊床
Hoed	帽子
Insect	昆虫
Jacht	狩猎
Kaart	地图
Kano	独木舟
Kompas	罗盘
Lantaarn	灯笼
Maan	月亮
Meer	湖
Natuur	大自然
Tent	帐篷
Touw	绳子

Chocolade
巧克力

Antioxidant	抗氧化剂
Aroma	香气
Bitter	苦
Cacao	可可
Calorieën	卡路里
Exotisch	异国情调
Favoriet	最喜欢的
Heerlijk	美味
Ingrediënt	成分
Karamel	焦糖
Kokosnoot	椰子
Kwaliteit	质量
Pinda'S	花生
Recept	食谱
Smaak	味道
Snoep	糖果
Suiker	糖
Verlangen	渴望
Zoet	甜蜜的

Circus
马戏团

Aap	猴子
Acrobaat	杂技演员
Ballonnen	气球
Clown	小丑
Dieren	动物
Goochelaar	魔术师
Jongleur	杂耍
Kaartje	票
Kostuum	服装
Leeuw	狮子
Magie	魔法
Muziek	音乐
Olifant	大象
Parade	游行
Snoep	糖果
Spectaculair	壮观
Tent	帐篷
Tijger	老虎
Toeschouwer	观众
Truc	诡计

Dagen en Maanden
天和月

Augustus	八月
Dinsdag	星期二
Donderdag	星期四
Februari	二月
Jaar	年
Januari	一月
Juli	七月
Juni	六月
Kalender	日历
Maand	月
Maandag	星期一
Maart	三月
November	十一月
Oktober	十月
September	九月
Vrijdag	星期五
Week	周
Woensdag	星期三
Zaterdag	星期六
Zondag	星期日

Dans
跳舞

Academie	学院
Beweging	运动
Blij	快乐
Choreografie	编舞
Cultuur	文化
Emotie	情感
Expressief	富有表现力
Genade	优雅
Houding	姿势
Klassiek	古典
Kunst	艺术
Lichaam	身体
Muziek	音乐
Partner	伙伴
Ritme	节奏
Springen	跳
Traditioneel	传统的
Visueel	视觉的

Dinosaurussen
恐龙

Aarde	地球
Carnivoor	食肉动物
Enorm	巨大
Evolutie	进化
Fossielen	化石
Groot	大
Grootte	尺寸
Herbivoor	食草动物
Krachtig	强大
Mammoet	猛犸象
Omnivoor	杂食动物
Prehistorisch	史前
Prooi	猎物
Reptiel	爬行动物
Roofvogel	猛禽
Soort	物种
Staart	尾巴
Verdwijning	消失
Vicieuze	恶毒
Vleugels	翅膀

Emoties
情绪

Angst	恐惧
Dankbaar	感激的
Droefheid	悲伤
Gelukzaligheid	极乐
Inhoud	内容
Kalm	平静
Liefde	爱
Ontspannen	放松
Rust	宁静
Sympathie	同情
Tederheid	温柔
Tevreden	满意
Verrassing	惊喜
Verveling	无聊
Vrede	和平
Vreugde	喜悦
Vriendelijkheid	善良
Woede	愤怒

Eten #1
食物 #1

Aardbei	草莓
Abrikoos	杏
Basilicum	罗勒
Citroen	柠檬
Gerst	大麦
Kaneel	肉桂
Knoflook	大蒜
Melk	牛奶
Peer	梨
Pinda	花生
Salade	沙拉
Sap	果汁
Soep	汤
Spinazie	菠菜
Suiker	糖
Tonijn	金枪鱼
Ui	洋葱
Vlees	肉
Wortel	胡萝卜
Zout	盐

Eten #2
食物 #2

Amandel	杏仁
Ananas	菠萝
Appel	苹果
Asperge	芦笋
Aubergine	茄子
Banaan	香蕉
Broccoli	西兰花
Brood	面包
Druif	葡萄
Ei	蛋
Ham	火腿
Kaas	奶酪
Kip	鸡
Kiwi	猕猴桃
Perzik	桃
Rijst	米
Tarwe	小麦
Tomaat	番茄
Vis	鱼
Yoghurt	酸奶

Exploratie
探索

Activiteit	活动
Bepaling	决心
Culturen	文化
Dieren	动物
Gevaarlijk	危险的
Gevaren	危害
Moed	勇气
Nieuw	新的
Onbekend	未知
Ontdekking	发现
Reis	旅行
Ruimte	空间
Taal	语言
Terrein	地形
Uitputting	精疲力竭
Wild	荒野

Familie
家庭

Broer	兄弟
Dochter	女儿
Grootmoeder	祖母
Jeugd	童年
Kind	孩子
Kleinzoon	孙子
Man	丈夫
Moeder	母亲
Neef	侄子
Nicht	侄女
Oom	叔叔
Opa	祖父
Tante	阿姨
Tweeling	双胞胎
Vader	父亲
Vaderlijk	父亲的
Voorouder	祖先
Vrouw	妻子
Zus	姐姐

Fruit
水果

Abrikoos	杏
Ananas	菠萝
Appel	苹果
Avocado	鳄梨
Banaan	香蕉
Bes	浆果
Citroen	柠檬
Druif	葡萄
Framboos	覆盆子
Kers	樱桃
Kiwi	猕猴桃
Kokosnoot	椰子
Mango	芒果
Meloen	瓜
Nectarine	油桃
Oranje	橙色
Papaja	木瓜
Peer	梨
Perzik	桃
Pruim	李子

Gebouwen
建筑物

Ambassade	大使馆
Appartement	公寓
Bioscoop	电影
Boerderij	农场
Cabine	舱
Fabriek	工厂
Hotel	酒店
Kasteel	城堡
Laboratorium	实验室
Museum	博物馆
Observatorium	天文台
School	学校
Schuur	谷仓
Stadion	体育场
Supermarkt	超级市场
Tent	帐篷
Theater	剧院
Toren	塔
Universiteit	大学
Ziekenhuis	医院

Geografie
地理

Atlas	地图集
Berg	山
Breedtegraad	纬度
Continent	大陆
Eiland	岛
Evenaar	赤道
Halfrond	半球
Hoogte	高度
Kaart	地图
Land	国家
Meridiaan	子午线
Noorden	北
Oceaan	海洋
Regio	地区
Rivier	河
Stad	城市
Wereld	世界
Westen	西
Zee	海
Zuiden	南

Geologie
地质学

Aardbeving	地震
Calcium	钙
Continent	大陆
Erosie	侵蚀
Fossiel	化石
Geiser	间歇泉
Grot	洞穴
Koraal	珊瑚
Kristallen	水晶
Kwarts	石英
Laag	层
Lava	熔岩
Mineralen	矿物
Plateau	高原
Stalactiet	钟乳石
Steen	石头
Vulkaan	火山
Zone	区
Zout	盐
Zuur	酸

Getallen
数字

Acht	八
Achttien	十八
Dertien	十三
Drie	三
Een	一
Negen	九
Negentien	十九
Nul	零
Tien	十
Twaalf	十二
Twee	二
Twintig	二十
Veertien	十四
Vier	四
Vijf	五
Vijftien	十五
Zes	六
Zestien	十六
Zeven	七
Zeventien	十七

Groenten
蔬菜

Artisjok	朝鲜蓟
Aubergine	茄子
Broccoli	西兰花
Erwt	豌豆
Gember	姜
Knoflook	大蒜
Komkommer	黄瓜
Olijf	橄榄
Paddestoel	蘑菇
Peterselie	香菜
Pompoen	南瓜
Raap	芜菁
Radijs	萝卜
Salade	沙拉
Selderij	芹菜
Sjalot	葱
Spinazie	菠菜
Tomaat	番茄
Ui	洋葱
Wortel	胡萝卜

Gymnastiek
体操

Combinaties	组合
Gymnasium	体育馆
Gymnasten	体操运动员
Handen	手
Hoepel	箍
Individueel	个人
Kracht	力量
Krijt	粉笔
Muziek	音乐
Rechter	法官
Routine	常规
Scores	分数
Springen	跳
Team	团队
Trainer	教练
Wendbaarheid	敏捷

Haartypes
头发类型

Blond	金发
Bruin	棕色
Dik	厚
Droog	干
Dun	薄
Gevlochten	编织
Gezond	健康
Glad	光滑
Glimmend	闪亮的
Grijs	灰色
Hoofdhuid	头皮
Kaal	秃
Kort	短
Krullen	卷发
Krullend	卷曲
Lang	长
Wit	白色
Zacht	柔软的
Zilver	银
Zwart	黑色

Herbalisme
草药学

Aromatisch	芳香
Basilicum	罗勒
Bloem	花
Culinair	烹饪
Dille	莳萝
Dragon	龙蒿
Groen	绿色
Ingrediënt	成分
Knoflook	大蒜
Kwaliteit	质量
Lavendel	薰衣草
Marjolein	马郁兰
Oregano	牛至
Peterselie	香菜
Rozemarijn	迷迭香
Saffraan	藏红花
Smaak	味道
Tijm	百里香
Tuin	花园
Venkel	茴香

Huis
房子

Bezem	扫帚
Bibliotheek	图书馆
Dak	屋顶
Deur	门
Douche	淋浴
Garage	车库
Haard	壁炉
Hek	栅栏
Kamer	房间
Kelder	地下室
Keuken	厨房
Lamp	灯
Meubilair	家具
Muur	墙
Plafond	天花板
Schoorsteen	烟囱
Slaapkamer	卧室
Spiegel	镜子
Tapijt	地毯
Tuin	花园

Huisdieren
宠物

Dierenarts	兽医
Geit	山羊
Hagedis	蜥蜴
Hamster	仓鼠
Hond	狗
Kat	猫
Katje	小猫
Koe	牛
Konijn	兔子
Kraag	衣领
Muis	鼠
Papegaai	鹦鹉
Poten	爪子
Puppy	小狗
Schildpad	乌龟
Staart	尾巴
Vis	鱼
Voedsel	食物
Water	水

Hulpmiddelen
工具

Bijl	轴
Fakkel	火炬
Hamer	锤子
Heerser	统治者
Kabel	电缆
Ladder	梯子
Lijm	胶水
Mes	刀
Nietmachine	订书机
Schaar	剪刀
Scheermes	剃刀
Schop	铲
Schroef	螺丝
Tang	钳子
Touw	绳子
Wiel	车轮

Insecten
昆虫

Bidsprinkhaan	螳螂
Bij	蜜蜂
Bladluis	蚜
Cicade	蝉
Horzel	大黄蜂
Kakkerlak	蟑螂
Kever	甲虫
Larve	幼虫
Libel	蜻蜓
Mier	蚂蚁
Mot	蛾
Mug	蚊子
Sprinkhaan	蚱蜢
Termiet	白蚁
Vlinder	蝴蝶
Vlo	跳蚤
Wesp	黄蜂
Worm	蠕虫

Installaties
植物

Bamboe	竹子
Bes	浆果
Blad	叶
Bloem	花
Boom	树
Boon	豆
Bos	森林
Cactus	仙人掌
Flora	植物
Gebladerte	树叶
Gras	草
Klimop	常春藤
Kruid	草本植物
Mest	肥料
Mos	苔藓
Plantkunde	植物学
Struik	灌木
Tuin	花园
Vegetatie	植被
Wortel	根

Kastelen
城堡

Draak	龙
Dynastie	王朝
Edele	高贵
Eenhoorn	独角兽
Feodaal	封建
Harnas	盔甲
Katapult	弹射器
Kerker	地牢
Koninkrijk	王国
Kroon	冠
Muur	墙
Paard	马
Paleis	宫
Prins	王子
Prinses	公主
Ridder	骑士
Rijk	帝国
Schild	盾
Toren	塔
Zwaard	剑

Katten
猫

Bont	毛皮
Garen	纱
Gek	疯狂的
Grappig	有趣
Jager	猎人
Klauw	爪
Muis	鼠
Nieuwsgierig	好奇
Onafhankelijk	独立
Persoonlijkheid	个性
Poot	爪子
Slaap	睡觉
Speels	好玩的
Staart	尾巴
Verlegen	害羞
Wild	荒野

Keuken
厨房

Cup	杯子
Eetstokjes	筷子
Grill	烧烤
Ketel	水壶
Koelkast	冰箱
Kom	碗
Kruik	壶
Lepels	勺子
Messen	刀
Oven	烤箱
Pot	罐
Recept	食谱
Schort	围裙
Servet	餐巾
Specerijen	香料
Spons	海绵
Voedsel	食物
Vorken	叉

Kleding
衣服

Armband	手镯
Broek	裤子
Handschoenen	手套
Hoed	帽子
Jas	外套
Jasje	夹克
Jeans	牛仔裤
Jurk	连衣裙
Ketting	项链
Mode	时尚
Pyjama	睡衣
Riem	带
Rok	短裙
Sandalen	凉鞋
Schoen	鞋
Schort	围裙
Shirt	衬衫
Sjaal	围巾
Sokken	袜子
Trui	毛衣

Kleuren
颜色

Azuur	天蓝色
Beige	米色
Blauw	蓝色
Bruin	棕色
Cyaan	青色
Fuchsia	紫红色
Geel	黄色
Grijs	灰色
Groen	绿色
Magenta	品红
Oranje	橙色
Paars	紫色
Rood	红色
Roze	粉红色
Sepia	棕褐色
Wit	白色
Zwart	黑色

Klimmen
攀

Atmosfeer	大气层
Deskundige	专家
Gidsen	指南
Grot	洞穴
Handschoenen	手套
Helm	头盔
Hoogte	高度
Kaart	地图
Kracht	力量
Laarzen	靴子
Nieuwsgierigheid	好奇心
Smal	窄
Stabiliteit	稳定性
Terrein	地形
Uitdagingen	挑战
Wandelen	远足

Komedie
喜剧

Acteur	演员
Actrice	女演员
Applaus	掌声
Clowns	小丑
Expressief	富有表现力
Gelach	笑声
Genre	类型
Grappen	笑话
Grappig	有趣
Humor	幽默
Improvisatie	即兴创作
Parodie	模仿
Plezier	乐趣
Publiek	观众
Slim	聪明
Televisie	电视
Theater	剧院

Kunst
藝術

Beeldhouwwerk	雕塑
Complex	复杂
Eenvoudig	简单
Eerlijk	诚实
Figuur	数字
Geïnspireerd	启发
Humeur	心情
Keramisch	陶瓷
Onderwerp	主题
Origineel	原版
Persoonlijk	个人的
Poëzie	诗歌
Samenstelling	组成
Surrealisme	超现实主义
Symbool	象征
Uitdrukking	表达
Visueel	视觉的

Kunstbenodigdheden
美术用品

Acryl	丙烯酸纤维
Aquarellen	水彩
Borstels	刷子
Camera	照相机
Creativiteit	创造力
Ezel	画架
Gom	橡皮
Houtskool	木炭
Inkt	墨水
Klei	黏土
Kleuren	颜色
Lijm	胶水
Olie	油
Papier	纸
Pastel	粉彩
Potloden	铅笔
Stoel	椅子
Tafel	桌子
Verf	油漆
Water	水

Landen #2
国家 #2

Denemarken	丹麦
Ethiopië	埃塞俄比亚
Frankrijk	法国
Griekenland	希腊
Ierland	爱尔兰
Indonesië	印度尼西亚
Japan	日本
Kenia	肯尼亚
Laos	老挝
Libanon	黎巴嫩
Liberia	利比里亚
Maleisië	马来西亚
Mexico	墨西哥
Nepal	尼泊尔
Nigeria	尼日利亚
Oeganda	乌干达
Oekraïne	乌克兰
Rusland	俄罗斯
Somalië	索马里
Syrië	叙利亚

Landschappen
景观

Berg	山
Eiland	岛
Geiser	间歇泉
Gletsjer	冰川
Golf	海湾
Grot	洞穴
IJsberg	冰山
Meer	湖
Moeras	沼泽
Oase	绿洲
Oceaan	海洋
Rivier	河
Schiereiland	半岛
Strand	海滩
Toendra	苔原
Vallei	山谷
Vulkaan	火山
Waterval	瀑布
Woestijn	沙漠
Zee	海

Literatuur
文学

Analogie	类比
Analyse	分析
Anekdote	轶事
Auteur	作者
Biografie	传记
Conclusie	结论
Dialoog	对话
Fictie	小说
Gedicht	诗
Mening	意见
Metafoor	隐喻
Omschrijving	描述
Poëtisch	诗意
Rijm	韵
Ritme	节奏
Stijl	风格
Thema	主题
Tragedie	悲剧
Vergelijking	比较
Verteller	旁白

Meditatie
冥想

Aanvaarding	接受
Ademhaling	呼吸
Beweging	运动
Dankbaarheid	感激
Emoties	情绪
Geluk	幸福
Helderheid	明晰
Houding	姿势
Inzicht	洞察力
Kalm	平静
Mededogen	同情
Mentaal	心理
Muziek	音乐
Natuur	大自然
Observatie	观察
Perspectief	透视
Stilte	沉默
Vrede	和平
Vriendelijkheid	善良
Wakker	醒

Meer Informatie
科幻小说

Atoom	原子
Bioscoop	电影
Boeken	书籍
Brand	火
Denkbeeldig	虚构的
Dystopie	反乌托邦
Explosie	爆炸
Extreem	极端
Futuristisch	未来派
Illusie	错觉
Klonen	克隆
Mysterieus	神秘
Orakel	甲骨文
Planeet	行星
Robots	机器人
Scenario	场景
Sterrenstelsel	星系
Technologie	技术
Utopie	乌托邦
Wereld	世界

Menselijk Lichaam
人体

Been	腿
Bloed	血
Elleboog	肘部
Enkel	踝
Hand	手
Hart	心
Hersenen	脑
Hoofd	头
Huid	皮肤
Kaak	颚
Kin	下巴
Knie	膝盖
Maag	胃
Mond	嘴
Nek	脖子
Neus	鼻子
Oor	耳朵
Schouder	肩膀
Tong	舌头
Vinger	手指

Metingen
测量

Breedte	宽度
Byte	字节
Centimeter	厘米
Decimaal	十进制
Diepte	深度
Gewicht	重量
Gram	克
Hoogte	高度
Inch	英寸
Kilogram	公斤
Kilometer	公里
Lengte	长度
Liter	升
Massa	质量
Meter	米
Minuut	分钟
Ons	盎司
Pint	品脱
Ton	吨
Volume	卷

Muziekinstrumenten
乐器

Banjo	班卓琴
Cello	大提琴
Fagot	巴松管
Fluit	长笛
Gitaar	吉他
Gong	锣
Harp	竖琴
Hobo	双簧管
Klarinet	单簧管
Mandoline	曼陀林
Marimba	马林巴
Mondharmonica	口琴
Percussie	打击乐器
Piano	钢琴
Saxofoon	萨克斯管
Tamboerijn	铃鼓
Trombone	长号
Trommel	鼓
Trompet	喇叭
Viool	小提琴

Mythologie
神话

Archetype	原型
Bliksem	闪电
Creatie	创造
Cultuur	文化
Donder	雷
Doolhof	迷宫
Gedrag	行为
Held	英雄
Heldin	女主角
Hemel	天堂
Jaloezie	嫉妒
Kracht	力量
Krijger	战士
Legende	传说
Monster	怪物
Onsterfelijkheid	不朽
Ramp	灾难
Sterfelijk	凡人
Wezen	生物
Wraak	复仇

Natuur
大自然

Arctisch	北极
Bijen	蜜蜂
Bos	森林
Dieren	动物
Dynamisch	动态
Erosie	侵蚀
Gebladerte	树叶
Gletsjer	冰川
Heiligdom	避难所
Klippen	悬崖
Mist	雾
Rivier	河
Schoonheid	美
Schuilplaats	庇护所
Sereen	宁静
Tropisch	热带
Vitaal	重要的
Wild	荒野
Woestijn	沙漠
Wolken	云

Oceaan
海洋

Aal	鳗鱼
Algen	藻类
Boot	船
Dolfijn	海豚
Garnaal	虾
Getijden	潮汐
Haai	鲨鱼
Koraal	珊瑚
Krab	螃蟹
Kwal	海蜇
Octopus	章鱼
Oester	牡蛎
Rif	礁
Schildpad	乌龟
Spons	海绵
Storm	风暴
Tonijn	金枪鱼
Vis	鱼
Walvis	鲸
Zout	盐

Piraten
海盗

Anker	锚
Avontuur	冒险
Bemanning	船员
Eiland	岛
Gevaar	危险
Goud	黄金
Grot	洞穴
Kaart	地图
Kapitein	队长
Kompas	罗盘
Legende	传说
Litteken	疤痕
Oceaan	海洋
Papegaai	鹦鹉
Rum	朗姆酒
Schat	宝藏
Slecht	坏
Strand	海滩
Vlag	旗
Zwaard	剑

Regenwoud
雨林

Amfibieën	两栖动物
Behoud	保存
Botanisch	植物
Diversiteit	多样性
Gemeenschap	社区
Insecten	昆虫
Jungle	丛林
Klimaat	气候
Mos	苔藓
Natuur	大自然
Overleving	生存
Respect	尊重
Restauratie	恢复
Soort	物种
Toevlucht	避难所
Vogels	鸟类
Waardevol	有价值的
Wolken	云
Zoogdieren	哺乳动物

Restaurant #1
餐厅 #1

Allergie	过敏
Bord	盘子
Brood	面包
Kassier	出纳员
Keuken	厨房
Kip	鸡
Koffie	咖啡
Kom	碗
Menu	菜单
Mes	刀
Pittig	辣
Reservering	保留
Saus	酱
Serveerster	女服务员
Servet	餐巾
Toetje	甜点
Vlees	肉
Voedsel	食物

Restaurant #2
餐厅 #2

Cake	蛋糕
Diner	晚餐
Drank	饮料
Eieren	蛋
Fruit	水果
Groente	蔬菜
Heerlijk	美味
Ijs	冰
Lepel	勺子
Lunch	午餐
Noedels	面条
Ober	服务员
Salade	沙拉
Soep	汤
Specerijen	香料
Stoel	椅子
Vis	鱼
Vork	叉子
Water	水
Zout	盐

Rijden
驾驶

Auto	汽车
Brandstof	燃料
Garage	车库
Gas	气体
Gevaar	危险
Kaart	地图
Licentie	执照
Motor	马达
Motorfiets	摩托车
Ongeluk	事故
Politie	警察
Remmen	刹车
Snelheid	速度
Straat	街
Tunnel	隧道
Veiligheid	安全
Verkeer	交通
Voetganger	行人
Vrachtauto	卡车
Weg	路

Schaken
象棋

Diagonaal	对角线
Kampioen	冠军
Koning	王
Koningin	女王
Offer	牺牲
Passief	被动
Punten	点
Reglement	规则
Slim	聪明
Spel	游戏
Speler	播放器
Strategie	战略
Tegenstander	对手
Tijd	时间
Uitdagingen	挑战
Wedstrijd	比赛
Wit	白色
Zwart	黑色

School #1
学校 #1

Alfabet	字母
Antwoorden	答案
Bibliotheek	图书馆
Boeken	书籍
Cijfers	数字
Examens	考试
Klaslokaal	课堂
Leraar	老师
Lunch	午餐
Mappen	文件夹
Markeringen	标记
Papier	纸
Pennen	笔
Plezier	乐趣
Potlood	铅笔
Quiz	测验
Stoel	椅子
Vrienden	朋友
Wiskunde	数学

School #2
学校 #2

Bibliotheek	图书馆
Boeken	书籍
Bus	总线
Computer	电脑
Gom	橡皮
Grammatica	语法
Kalender	日历
Leraar	老师
Literatuur	文献
Onderwijs	教育
Papier	纸
Pennen	笔
Potlood	铅笔
Rugzak	背包
Schaar	剪刀
Schoenen	鞋
Weekend	周末
Wetenschap	科学
Wiskunde	数学
Woordenboek	字典

Specerijen
香料

Bitter	苦
Fenegriek	胡芦巴
Gember	姜
Kaneel	肉桂
Kardemom	豆蔻
Kerrie	咖喱
Knoflook	大蒜
Komijn	孜然
Koriander	香菜
Kruidnagel	丁香
Nootmuskaat	肉豆蔻
Paprika	辣椒粉
Peper	胡椒
Saffraan	藏红花
Smaak	味道
Ui	洋葱
Vanille	香草
Venkel	茴香
Zoet	甜蜜的
Zout	盐

Speelgoed
玩具

Ambachten	工艺品
Auto	汽车
Bal	球
Boeken	书籍
Boot	船
Drums	鼓
Favoriet	最喜欢的
Fiets	自行车
Games	游戏
Klei	黏土
Pop	娃娃
Robot	机器人
Schaak	棋
Trein	火车
Verbeelding	想象力
Verf	油漆
Vlieger	风筝
Vliegtuig	飞机
Vrachtauto	卡车

Sport
体育

Atleet	运动员
Basketbal	篮球
Beweging	运动
Fiets	自行车
Golf	高尔夫球
Gymnasium	体育馆
Gymnastiek	体操
Hockey	曲棍球
Honkbal	棒球
Kampioenschap	冠军
Scheidsrechter	裁判
Spel	游戏
Speler	播放器
Stadion	体育场
Team	团队
Tennis	网球
Trainer	教练
Winnaar	优胜者

Stad
小镇

Apotheek	药店
Bakkerij	面包店
Bank	银行
Bibliotheek	图书馆
Bioscoop	电影
Bloemist	花店
Boekhandel	书店
Dierentuin	动物园
Galerij	画廊
Hotel	酒店
Kliniek	诊所
Luchthaven	机场
Markt	市场
Museum	博物馆
School	学校
Stadion	体育场
Supermarkt	超级市场
Theater	剧院
Universiteit	大学
Winkel	商店

Strand
海滩

Blauw	蓝色
Boot	船
Dok	码头
Eiland	岛
Handdoek	毛巾
Krab	螃蟹
Kust	海岸
Lagune	泻湖
Oceaan	海洋
Paraplu	伞
Rif	礁
Sandalen	凉鞋
Vakantie	假期
Zand	沙
Zee	海
Zeilboot	帆船
Zon	太阳

Surfen
冲浪

Atleet	运动员
Beginner	初学者
Extreem	极端
Golf	波
Kampioen	冠军
Kracht	力量
Maag	胃
Menigte	人群
Oceaan	海洋
Peddelen	桨
Plezier	乐趣
Populair	流行的
Rif	礁
Schuim	泡沫
Snelheid	速度
Stijl	风格
Strand	海滩
Weer	天气

Technologie
技术

Bericht	信息
Bestand	文件
Blog	博客
Browser	浏览器
Bytes	字节
Camera	照相机
Computer	电脑
Cursor	光标
Digitaal	数字
Gegevens	数据
Internet	互联网
Lettertype	字体
Onderzoek	研究
Scherm	屏幕
Software	软件
Statistiek	统计数据
Veiligheid	安全
Virtueel	虚拟
Virus	病毒

Tijd
時間

Dag	日
Decennium	十年
Eeuw	世纪
Gisteren	昨天
Jaar	年
Jaarlijks	每年
Kalender	日历
Klok	时钟
Maand	月
Middag	中午
Minuut	分钟
Na	后
Nacht	晚上
Nu	现在
Ochtend	早晨
Toekomst	未来
Uur	小时
Vandaag	今天
Vroeg	早
Week	周

Tuin
花园

Bloem	花
Bodem	土壤
Boom	树
Boomgaard	果园
Garage	车库
Gazon	草坪
Gras	草
Hangmat	吊床
Hark	耙
Hek	栅栏
Onkruid	杂草
Rotsen	岩石
Schop	铲
Slang	软管
Struik	灌木
Terras	平台
Trampoline	蹦床
Tuin	花园
Veranda	门廊
Vijver	池塘

Vakantie #1
假期 #1

Auto	汽车
Douane	海关
Expeditie	远征
Kaartje	票
Koffer	手提箱
Meer	湖
Museum	博物馆
Ontspanning	放松
Paraplu	伞
Reisplan	行程
Rugzak	背包
Toerist	游客
Tram	电车
Valuta	货币
Vertrek	离开
Vliegtuig	飞机

Vakantie #2
假期 #2

Bestemming	目的地
Buitenlander	外国人
Buitenlands	外国
Eiland	岛
Hotel	酒店
Kaart	地图
Kamperen	露营
Luchthaven	机场
Paspoort	护照
Reis	旅程
Restaurant	餐厅
Strand	海滩
Taxi	出租车
Tent	帐篷
Trein	火车
Vakantie	假期
Vervoer	运输
Visum	签证
Vrije Tijd	暇
Zee	海

Verjaardag
生日

Cake	蛋糕
Dag	日
Geboren	出生
Gelukkig	快乐
Geschenk	礼物
Herinneringen	回忆
Jaar	年
Jong	年轻
Kaarsen	蜡烛
Kaarten	牌
Kalender	日历
Lied	歌曲
Plezier	乐趣
Speciaal	特别
Tijd	时间
Uitnodigingen	邀请函
Viering	庆祝
Vrienden	朋友
Wijsheid	智慧

Vissen
钓鱼

Aas	诱饵
Apparatuur	设备
Boot	船
Geduld	耐心
Gewicht	重量
Haak	钩
Kaak	颚
Kieuwen	鳃
Mand	篮子
Meer	湖
Oceaan	海洋
Overdrijving	夸张
Rivier	河
Seizoen	季节
Strand	海滩
Vinnen	鳍
Water	水

Vliegtuigen
飞机

Afdaling	下降
Atmosfeer	大气层
Avontuur	冒险
Ballon	气球
Bemanning	船员
Brandstof	燃料
Geschiedenis	历史
Hemel	天空
Hoogte	高度
Lanceren	发射
Landen	降落
Lucht	空气
Motor	引擎
Navigeren	导航
Ontwerp	设计
Passagier	乘客
Piloot	飞行员
Richting	方向
Turbulentie	湍流
Waterstof	氢

Voeding
营养

Bitter	苦
Calorieën	卡路里
Dieet	饮食
Eetbaar	食用
Eetlust	食欲
Eiwitten	蛋白质
Evenwichtig	平衡的
Fermentatie	发酵
Gewicht	重量
Gezondheid	健康
Koolhydraten	碳水化合物
Kwaliteit	质量
Saus	酱
Smaak	味道
Specerijen	香料
Spijsvertering	消化
Toxine	毒素
Vitamine	维生素
Vloeistoffen	液体
Voedingsstof	养分

Voertuigen
车辆

Ambulance	救护车
Auto	汽车
Banden	轮胎
Boot	船
Bus	总线
Caravan	大篷车
Fiets	自行车
Helikopter	直升机
Metro	地铁
Motor	马达
Onderzeeër	潜艇
Raket	火箭
Scooter	滑板车
Taxi	出租车
Tractor	拖拉机
Trein	火车
Veerboot	渡轮
Vliegtuig	飞机
Vlot	筏
Vrachtauto	卡车

Vogels
鸟类

Duif	鸽子
Eend	鸭
Ei	蛋
Flamingo	火烈鸟
Gans	鹅
Kip	鸡
Koekoek	杜鹃
Kraai	乌鸦
Meeuw	鸥
Mus	麻雀
Ooievaar	鹳
Papegaai	鹦鹉
Pauw	孔雀
Pelikaan	鹈鹕
Pinguïn	企鹅
Reiger	苍鹭
Struisvogel	鸵鸟
Toekan	巨嘴鸟
Uil	猫头鹰
Zwaan	天鹅

Vormen
形状

Boog	弧
Cilinder	圆筒
Cirkel	圈
Curve	曲线
Driehoek	三角形
Hoek	角落
Hyperbool	双曲线
Kant	边
Kegel	锥体
Kubus	立方体
Lijn	线
Ovaal	椭圆形
Piramide	金字塔
Prisma	棱镜
Randen	边缘
Rechthoek	矩形
Veelhoek	多边形
Vierkant	广场

Wandelen
徒步

Berg	山
Dieren	动物
Gevaren	危害
Kaart	地图
Kamperen	露营
Klif	悬崖
Klimaat	气候
Laarzen	靴子
Moe	累
Muggen	蚊子
Natuur	大自然
Oriëntatie	方向
Parken	公园
Stenen	石头
Top	峰会
Voorbereiding	准备
Water	水
Wild	荒野
Zon	太阳
Zwaar	重

Water
水

Douche	淋浴
Geiser	间歇泉
Golven	波浪
Ijs	冰
Irrigatie	灌溉
Kanaal	运河
Meer	湖
Moesson	季风
Oceaan	海洋
Orkaan	飓风
Overstroming	洪水
Regen	雨
Rivier	河
Sneeuw	雪
Stoom	蒸汽
Verdamping	蒸发
Vocht	水分
Vochtig	潮湿
Vochtigheid	湿度
Vorst	霜

Weersomstandigheden
天气

Atmosfeer	大气
Bliksem	闪电
Donder	雷声
Droogte	干旱
Hemel	天空
Ijs	冰
Klimaat	气候
Mist	雾
Moesson	季风
Orkaan	飓风
Overstroming	洪水
Polair	极地
Regenboog	彩虹
Storm	风暴
Temperatuur	温度
Tornado	龙卷风
Tropisch	热带
Vochtig	湿
Wind	风
Wolk	云

Wetenschap
科学

Atoom	原子
Chemisch	化学的
Deeltjes	粒子
Evolutie	进化
Experiment	实验
Feit	事实
Fossiel	化石
Gegevens	数据
Hypothese	假设
Klimaat	气候
Laboratorium	实验室
Methode	方法
Mineralen	矿物
Moleculen	分子
Natuur	大自然
Natuurkunde	物理
Observatie	观察
Organisme	生物
Wetenschapper	科学家
Zwaartekracht	重力

Wetenschappelijke Discip
科学学科

Anatomie	解剖学
Archeologie	考古学
Astronomie	天文学
Biochemie	生物化学
Biologie	生物学
Chemie	化学
Ecologie	生态学
Fysiologie	生理学
Geologie	地质学
Immunologie	免疫学
Mechanica	力学
Meteorologie	气象学
Mineralogie	矿物学
Neurologie	神经学
Plantkunde	植物学
Psychologie	心理学
Robotica	机器人
Sociologie	社会学
Thermodynamica	热力学
Voeding	营养

Wiskunde
数学

Decimaal	十进制
Diameter	直径
Driehoek	三角形
Exponent	指数
Fractie	分数
Geometrie	几何学
Hoeken	角度
Loodrecht	垂直
Omtrek	周长
Parallel	平行
Parallellogram	平行四边形
Rechthoek	矩形
Rekenkundig	算术
Som	和
Straal	半径
Symmetrie	对称
Veelhoek	多边形
Vergelijking	方程
Vierkant	广场
Volume	卷

Zomer
夏天

Boeken	书籍
Duiken	潜水
Familie	家庭
Games	游戏
Herinneringen	回忆
Huis	家
Kamperen	露营
Muziek	音乐
Ontspanning	放松
Reis	旅行
Sandalen	凉鞋
Sterren	星星
Strand	海滩
Tuin	花园
Vakantie	假期
Voedsel	食物
Vreugde	喜悦
Vrienden	朋友
Vrije Tijd	暇
Zee	海

Zoogdieren
哺乳动物

Aap	猴子
Bever	海狸
Coyote	郊狼
Dolfijn	海豚
Ezel	驴
Geit	山羊
Giraf	长颈鹿
Gorilla	大猩猩
Hond	狗
Kameel	骆驼
Kangoeroe	袋鼠
Kat	猫
Konijn	兔子
Leeuw	狮子
Olifant	大象
Paard	马
Stier	公牛
Vos	狐狸
Walvis	鲸
Wolf	狼

Gefeliciteerd

Je hebt het gehaald!

We hopen dat u net zoveel plezier beleeft aan dit boek als wij aan het maken ervan. We doen ons best om spellen van hoge kwaliteit te maken.
Deze puzzels zijn op een slimme manier ontworpen zodat je actief kunt leren terwijl je plezier hebt!

Vond je ze mooi?

Een Eenvoudig Verzoek

Onze boeken bestaan dankzij de recensies die zij publiceren. Kunt u ons helpen door nu een mening achter te laten ?

Hier is een korte link die u naar uw bestellingen beoordelingspagina.

BestBooksActivity.com/Recensie50

FINAAL UITDAGING!

Uitdaging nr. 1

Klaar voor uw bonusspel? We gebruiken ze de hele tijd, maar ze zijn niet zo gemakkelijk te vinden. Hier zijn **Synoniemen!**

Noteer 5 woorden die je ontdekt hebt in elk van de onderstaande puzzels (nr. 21, nr. 36, nr. 76) en probeer voor elk woord 2 synoniemen te vinden.

Notitie 5 Woorden uit *Puzzle 21*

Woorden	Synoniem 1	Synoniem 2

Notitie 5 Woorden uit *Puzzle 36*

Woorden	Synoniem 1	Synoniem 2

Notitie 5 Woorden uit *Puzzle 76*

Woorden	Synoniem 1	Synoniem 2

Uitdaging nr. 2

Nu je opgewarmd bent, noteer 5 woorden die je ontdekt hebt in elke hieronder genoteerde puzzel (nr. 9, nr. 17, nr. 25) en probeer voor elk woord 2 antoniemen te vinden. Hoeveel regels kan je doen in 20 minuten?

Notitie 5 Woorden uit **Puzzle 9**

Woorden	Antoniem 1	Antoniem 2

Notitie 5 Woorden uit **Puzzle 17**

Woorden	Antoniem 1	Antoniem 2

Notitie 5 Woorden uit **Puzzle 25**

Woorden	Antoniem 1	Antoniem 2

Uitdaging nr. 3

Prachtig, deze finaal uitdaging  is makkelijk voor jou!

Klaar voor de laatste? Kies je 10 favoriete woorden die je in een van de puzzels hebt ontdekt en noteer ze hieronder.

1.	6.
2.	7.
3.	8.
4.	9.
5.	10.

De uitdaging is nu om met deze woorden en binnen een maximum van zes zinnen een tekst te schrijven over een persoon, dier of plaats waar je van houdt!

Tip: U kunt de laatste blanco pagina van dit boek als kladblaadje gebruiken!

Je schrijven:

NOTITIEBOEKJE:

TOT SNEL!

Linguas Classics

GENIET VAN GRATIS SPELLEN

GO

↓

BESTACTIVITYBOOKS.COM/FREEGAMES

www.ingramcontent.com/pod-product-compliance
Lightning Source LLC
Chambersburg PA
CBHW081711120626
46550CB00010B/3088